Das ist mein Buch:

Alexander

Jeder, der Menschen hilft
sich weiterzuentwickeln
und ihr Glück im Leben
zu finden,
sind wertvoll für die Welt.
Danke dafür!

Bettina
Gabriele
18.10.20

„Memoiren eines Glaubenssatzes"

... protokolliert von Bettina Gabriele Binsack

Ein Glaubenssatz erzählt von dem
aufregenden und ereignisreichen Leben
in seinem Menschen

KOSCHI VERLAG

Gedruckt auf umweltfreundlichem,
chlorfrei gebleichtem Papier

1. Auflage September 2020
Originalausgabe

Printed in Germany – WERBEziel24

Illustrationen: Swen Marcel Frömbgen

Gesamtherstellung: KOSCHI&CO

Vertrieb: Über Buchhandlungen, im Internet
unter: bit.ly/9988BB oder www.koschi.de
und direkt beim

KOSCHIVERLAG
in Elbingerode am Harz

ISBN 978-3-96932-006-8

"Perfekt" wie eine Maschine?...

oder: Ich darf menschlich sein und bleiben!!

Als Autor dieses Buches habe ich meinen Gedanken freien Lauf gelassen. Auch die Emotionen durften sich frei entwickeln.

Ich habe als Mensch dieses Buch geschrieben, als Mensch, der nicht perfekt sein muss.

Dasselbe gilt für mein Buch.

Solltest Du, liebe/r Leser/in auf einen "Druckfehler" stoßen, der sich beim Korrekturlesen durchgemogelt hat, dann freue ich mich über eine Mitteilung von Dir per mail: memoiren@bettina-binsack.de

In der nächsten Auflage kann ich dann mit Deiner Hilfe mein Buch verbessern und damit auch weiter entwickeln.

Vielleicht möchtest Du mir auch Deine ganz persönlichen Erkenntnisse durch dieses Buch mitteilen?!

Darauf freue ich mich ganz besonders!

Deine Bettina Gabriele Binsack

VORWORT

In diesem „besonderen Buch“ beginnt das Vorwort mit einem Rückblick. Einem Rückblick auf die zurück liegenden Jahre in meinem Leben.

Ich, die Protokollantin, finde es, im Nachhinein betrachtet, wirklich bemerkenswert, wie oft Impulse zum „Ich-soll-schreiben“ auftauchten. Es waren die Wiederholungen, die mir irgendwann bewusst auffielen.
Da war die Karte von Erzengel Gabriel, mit seiner Aufforderung zu schreiben und zu lehren, die sich sehr oft bei Legungen zeigte oder schon beim Mischen heraus fiel.
Irgendwann registrierte ich dann auch den „Zufall“, dass mein zweiter Vorname „Gabriele“ lautet. Wieder war dies eine Erinnerung an Erzengel Gabriel und seinen Impuls.
Im Coaching für meine eigene Entwicklung, bekam ich auch wiederholt den Hinweis, ich solle schreiben.
Die ganzen Jahre erschien mir das Schreiben aber undenkbar und überhaupt nicht zu mir passend.

Der Weg, den ich gehen wollte, war, ein Coach zu sein und Menschen zu mehr Glücklichsein zu verhelfen. Hier fühlte ich schon von Anfang an meine Stärke und konnte mit dieser Kraft anderen Menschen immer Hilfestellung geben.

Wer aber auch immer dafür zuständig ist, dass ich

meinen Lebensweg in eine vorbestimmte Richtung gehe, er gab nicht auf.
Letztendlich bekam ich einen zündenden Impuls, der dann den Anstoß gab, meine Gedanken doch aufzuschreiben.
Plötzlich war „**Memoiren eines Glaubenssatzes**" als Buchtitel in meinem Kopf und ließ mich nicht mehr los.
Ich setzte mich also an meinen Computer und begann wirklich zu schreiben. Manchmal wunderte ich mich im Nachhinein über das Geschriebene.
Was in Anlehnung an eigene Erlebnisse begonnen hatte, veränderte sich während des Schreibens.

Oft fragte ich mich, woher ich einen bestimmten Gedankengang auf einmal hatte. Wo kamen diese Ideen her?

Von wo oder wem erhielt ich bloß diese ganzen Informationen?

Diese aus Energie entstandene Glaubenssätze wurden im Verlauf des Schreibens zu unterschiedlichsten Persönlichkeiten.

Sie nahmen richtig menschliche Züge an, um von uns Menschen besser verstanden zu werden. Waren es aber wirklich die Glaubenssätze, die zu mir sprachen?

Glaubenssätze, die aus dem Inneren der Menschen stammen, aus deren Unterbewusstsein? Oder woher stammen diese Ideen?

Ich konnte mir wirklich nicht vorstellen, dass diese starken Emotionen, die ich beim Schreiben empfand, durch meine eigenen Ideen entstanden, die mir gerade eingefallen waren.

Besonders die Appelle des Glaubenssatzes machten mich oft stutzig. Konnte es sein, dass ich Eingaben bekam, woher auch immer?

Andere Autoren berichten über Impulse von Engeln. Manche formulieren in Büchern ihre telepathischen Gespräche mit Verstorbenen und mit Tieren. Vielleicht kamen die Botschaften ja wirklich von meinen eigenen Glaubenssätzen, vielleicht aber auch von Jemand oder Etwas ganz anderem?

Ist dieses Buch also nur ein modernes Märchen oder steckt doch mehr dahinter?

Diese Frage stelle ich Euch, die Ihr dieses Buch in den Händen haltet. Lieber Leser, liebe Leserin, bitte macht Euch ein eigenes Bild. Spürt in Euch hinein, wie es sich anfühlt. Wenn Ihr dann ein Kribbeln spüren solltet, dann lasst es zu.

Nach dem Lesen dieses Buches werdet Ihr dieses Zeichen verstehen.

Das verspreche ich Euch - Eure Protokollantin!

PROLOG - HANS-JÜRGEN BECKER

Bettina Binsack hat mich Nerven gekostet!

Und ich bin dankbar für jede ihrer Fragen, die sie an mich oder andere Referenten eines Seminars gestellt hat. Sie trugen zu mehr Klarheit bei!

Sehr blau-strukturiert oder auch kopf-gesteuert, hat sie immer wieder hinterfragt, was ich oder andere sagten, ohne „in Frage zu stellen". Es ging ihr immer um die Substanz, das begreifen-wollen der Botschaft und deren Wert.

Bettina wuchs in einer Unternehmerfamilie auf, die stark durch Ihren Vater geprägt war und in die sie eben nicht als der Stammhalter hineingeboren wurde, der die Firma weiterführen sollte.

Sie entwickelte daher ein starkes Bedürfnis nach Anerkennung und wurde zur Pflicht erfüllenden, ehrgeizigen Tochter, die die Rolle, welche ihre Familie dem Stammhalter zugedacht hatte, übernahm.

Ihre eigenen Wünsche und Gefühle gingen dabei leider ziemlich „verschütt".

Wissbegierig und intelligent entwickelte sie sich aber in den letzten Jahren wieder mehr zu der Frau, die sie eben auch ist und nach und nach entwickelte sie die Wahrnehmung und das Vertrauen zu ihren wahren

Gefühlen, ihrer HerzEnergie und ihrer Empathie für Mensch und Tier.

Als Coach ist Bettina eine gewissenhafte, starke Persönlichkeit, die den Glaubenssätzen im Menschen zu Leibe rückt.

Ich bin dankbar, Bettinas Entwicklung mit angeschoben und beobachtet zu haben und wünsche ihr nie aufhörende Entfaltung und alles Glück der Welt.

Nun bin ich sehr gespannt auf dieses Buch, welches sie mit ihrer Beobachtungsgabe und ihrem Humor sicher sehr kurzweilig geschrieben hat ...

- - - - - - - - -

"Lieber Hajü,
ich danke Dir ganz herzlich für Deine Worte, auch wenn ich beim ersten Satz erst einmal geschluckt habe.

Du bist für mich und alle, die Dich kennen, ein wundervoller Herzmensch. Deshalb gehöre auch ich Deiner GoldenCircle.Community an, der Internetplattform für Menschen mit Herz."

DANKSAGUNG

Es ist mir wichtig an dieser Stelle Allen zu danken, die mich auf diesem Weg bis zur Entstehung meines ersten Buches begleitet haben oder es immer noch tun.

Ich bin sehr dankbar für diese bereichernde Entwicklung, die ich in meinem Leben erfahren durfte.

Danke zuerst an meine Eltern, die mir, ihr ganzes Leben lang, immer den Weg geebnet haben. Leider konnten sie die neue Ausrichtung meines Lebensweges nicht mehr miterleben.

Vielleicht beobachten sie, dort wo immer sie jetzt sind, diese neue Richtung meines Weges, dem Beschäftigen mit dem Unbewussten der Menschen, mit der menschlichen Psyche bis zum Bewusstmachen der Seele, dem inneren Kern des Menschen.

Danke sagen möchte ich auch denen, die mir die Augen geöffnet haben für meinen Weg:

Danke an Martin Hahmann.
Er war der Allererste, der mich mit Persönlichkeitsentwicklung in Kontakt gebracht hat, wodurch meine Coaching-Tätigkeit und jetzt dieses Buch entstanden sind.

Martin, Du bist ein Wegweiser in meinem Leben!

Danke an Angelika Bayer - Soraya Calik - Gisela Claar - Silvia Detels - Sabine Kamphausen - Sabrina Fey Leichle und Marianne Nestor.

Ihr habt die gesamte Entwicklung meines neuen Weges begleitet und mich immer wieder aufgebaut, wenn ich in meiner Lieblingseigenschaft, dem Zweifeln, stecken geblieben bin.

Danke für Eure Geduld und Eure Impulse und für alles, was ich durch Euch lernen durfte und immer noch lerne.

Danke für das Vertrauen und die wertschätzenden Feedbacks meiner Coachees und Klienten. Sie haben mir die notwendigen Informationen und Impulse für dieses Buch gegeben.

Danke für alles, was ich in ihren Coachings erfahren und erleben darf. Jedes Coaching ist auch für mich bereichernd. Jedes „störende Steinchen", das ich aus dem Weg meiner Coachees entfernen kann, jede Transformierung eines nicht förderlichen Glaubenssatzes, gibt mir ein Glücksgefühl.

Ein vom Herzen kommendes Dankeschön dafür.

Danke an die unzähligen Glaubenssatz-Familien, die den Menschen so viel Lehrreiches aufzeigen und zur persönlichen Weiterentwicklung anregen.

Und, nicht zu vergessen:

Ein ganz großes **Danke** an Swen Marcel Frömbgen
für seine wunderschönen Illustrationen, die mein Buch
so sehr bereichern.

Gewidmet meiner guten Freundin Bonita
Sie lehrte mich ihren
wundervollen Glaubenssatz

„Was auch immer Du in Deinem Leben
erfahren darfst,
was auch immer Dich zurückwirft,
egal, wie wenig in Deinem Leben
noch möglich ist

Lebe Dein Leben ,
es ist immer wieder schön und lebenswert!“

In Erinnerung an meine
„Alte Dame“,

die sich so oft und tapfer in ihr Leben zurückgekämpft hat.

(Juli 2020)

INHALTSVERZEICHNIS

„Memoiren eines Glaubenssatzes"

... protokolliert von Bettina Gabriele Binsack

erster Teil:

zweiter Teil:

Memoiren eines Glaubenssatzes

... ein Glaubenssatz erzählt von seinem aufregenden und ereignisreichen Leben in einem Menschen

A) Ein modernes Märchen oder steckt etwas Wahres darin?

Du hältst das „Etwas andere Buch“ über ein wirklich Lebens-beeinflussendes Thema in deinen Händen. Es handelt von einem unterhaltsamen Herangehen an etwas, das für viele immer noch unbekannt ist.

Alles, was hier geschrieben steht, könnte man als Märchen bezeichnen oder als eine Phantasiereise in das Innere eines Menschen.

Vielleicht erkennst Du aber auch Parallelen zu Deinem eigenen Leben?!

Hmmm, das ist (vielleicht) unbeabsichtigt, doch (unter Umständen) hilft es Dir (nein ganz bestimmt sogar) weiter, Dein eigenes Leben ein bisschen klarer zu sehen.

Wer weiß ...

B) Was heute möglich ist oder „Wer sich was traut“

In der heutigen Zeit gibt es so viel Außergewöhnliches im Buchbereich:

Hunde schreiben über ihr Leben in ihrer Menschenfamilie,

Häuser berichten über die Geschehnisse in ihren vier Wänden,

Bäume erklären ihre Gedanken zur Natur und/oder zu dringendem Naturschutz.

Viele schreiben über sich, um besser verstanden zu werden. Viele schreiben, um überhaupt in ihrem vollen Dasein wahrgenommen und dann vielleicht mehr geachtet zu werden.

Schreiben hilft oftmals die eigenen Gedanken besser verstehen zu können. Schreiben bringt Klarheit.

Manche erkennen im Schreiben eine Möglichkeit, sich mit der eigenen Vergangenheit zu beschäftigen, diese zu verstehen und zu akzeptieren, um für sich persönlich Frieden zu finden.

Was ist aber der Grund für dieses Buch?

Das Thema dieses „etwas anderen Buches“ beinhaltet alle, oben angeführten Bereiche.

Der Memoirenschreiber möchte verstanden werden. Er möchte wahrgenommen werden in all seinen Entwicklungsstadien.

Er zeigt dem Leser aber auch, dass diese Entwicklung nicht nur beachtet, sondern sehr wohl auch geachtet werden sollte.

Das Beschäftigen mit seinem Wirken, das Berichten über die verschiedenen Lebensbereiche, lässt den Memoirenschreiber den Sinn der eigenen Existenz erkennen.

Diese gewonnenen Erkenntnisse möglichst vielen Lesern weiterzugeben, ist der Herzenswunsch dieses Memoirenschreibers.

Er weiß nur zu gut, dass er damit seine ganz persönliche Lebensaufgabe erfüllt.

Wer ist aber nun dieser Memoiren-Schreiber?

Der Titel des Buches verrät es: **ein Glaubenssatz!**

Diejenigen Leser, die jetzt mit dieser Information unwesentlich mehr verstehen, sind genau auf das Thema des Buches gestoßen.

Auch die „Achso, ist klar“-Fraktion der Leser, die schon irgendeine Art Berührungspunkt mit genau diesem Memoirenschreiber oder einer ähnlichen Spezies hatte, wird neue, Euch bis jetzt sicher unbekannte, Seiten der Glaubenssätze kennenlernen.

Dieses Buch befasst sich sehr umfassend mit dem Thema „Glaubenssätze verstehen“.

Folge mit Offenheit und Neugierde den Erzählungen des Memoirenschreibers, dann erkennst auch Du den Sinn seines Lebens und was das für uns Menschen bedeutet.

Ein Versprechen bekommst Du noch:

Dieses Buch vermittelt kein trockenes Wissen, es ist leicht verdaulich. Dieses Buch bringt ein wichtiges Thema mit Freude und Leichtigkeit zu seinem Leser.

Wie funktioniert das?

Lese einfach weiter! Dieses Buch heißt nicht ohne Grund „Das etwas andere Buch“.

C) Der Glaubenssatz – wie, was, warum?

Wer erzählt eigentlich über die Erfahrungen mit den Glaubenssätzen?

Oder noch genauer: Wer kennt denn die Aufgaben und Wirkungen der Glaubenssätze?

Über Glaubenssätze schreiben fast nur betroffene Menschen, Coaches oder Therapeuten und so manche Psychologen.

Wer hat jemals die Glaubenssätze zu Wort kommen lassen, nachdem man sich ihrer Existenz bewusst geworden ist?

Wer könnte am besten Klarheit und objektive Auskunft über die Glaubenssätze geben, wenn nicht ein Vertreter dieser Spezies selbst?

Voilà, dann bekommen jetzt endlich die Glaubenssätze die Möglichkeit, sich vorzustellen und über ihr Leben zu berichten.

D) Wie alles begann ...

... eine neue, bisher kaum beachtete Stimme
meldet sich zu Wort!

In meiner Aufgabe als Coach bin ich immer bestrebt, die Menschen in ihre Stärke zu bringen, damit sie mit ihrem Leben zufrieden sind und sich einfach glücklich fühlen können.

Immer wieder begegnen mir bei meiner Arbeit die vielfältigsten Auswirkungen von Glaubenssätzen.

Blockaden, Ängste und Schuldgefühle sind nur ein paar Beispiele, die durch, sogenannte, nicht förderliche Glaubenssätze entstehen können.

Über Leichtigkeit bringende, förderliche Glaubenssätze kann ich mich leider viel seltener freuen.
Solche positiven Glaubenssätze in meinen Coachees herauszuarbeiten und zu verankern, ist eine meiner Hauptaufgaben.

Eines Nachts, kurz vor dem Einschlafen, bekam ich, die Autorin oder besser "Protokollführerin", einen Impuls.

Ich verspürte ganz deutlich ein Anklopfen eines Glaubenssatzes in meinem Inneren. Ein Glaubenssatz, so erkannte ich, der wahrgenommen und gehört werden wollte.

Auf einmal hatte ich eine Idee:

So viel Verschiedenes wird über Glaubenssätze vermittelt, man spürt sie auf, man erklärt ihre Daseinsberechtigung oder den Grund ihrer Entstehung.

In vielen Therapiesitzungen transformiert man sie und definiert sie neu.

Doch wer versteht sie wirklich?

Wer erkennt sie an?

Wer kennt ihr „Leben“?

Irgendetwas rief tief in mir: „Hallo, lass uns doch mal reden. Leih uns doch bitte Deine Stimme! Wir haben Euch soviel zu erklären!“

Es war ein starker Impuls, über den ich nicht lange nachdachte. Ich traf die Entscheidung: Ich werde helfen! Schließlich bin ich Coach!!

Am nächsten Tag setzte ich mich an meinen Computer und schrieb in den folgenden Wochen all das auf, was mir eingegeben wurde.

So entstanden diese
„Memoiren eines Glaubenssatzes“

Soviel zur Erklärung --
Ich übergebe nun das Wort an den eigentlichen Autor, den Glaubenssatz ...

1) Ein aus vollstem Glaubenssatz-Herzen kommendes Dankeschön

Ein freundliches „Hallo“ an euch Menschen.
Ich finde es wundervoll, dass jetzt und hier die Geschichte meines Lebens beachtet wird und beschrieben werden darf.

Zuerst möchte ich aber einen herzlichen Dank an alle aussprechen, die mir, dem **Glaubenssatz**, geholfen haben, diese Memoiren zu schreiben, um dadurch unser Leben und Wirken im Menschen erklären zu können. Es bedeutet mir sehr, sehr viel.

Ich empfinde es als **etwas ganz Großes**, euch Menschen diese Informationen geben zu dürfen.

2) Die Ausgangssituation
--> Der Grund für meine Memoiren

Glaubenssätze werden von euch Menschen in zwei Familien unterteilt. Ihr nennt uns entweder förderliche oder nicht förderliche Glaubenssätze.

Meine Familienlinie der Glaubenssätze wird meist als nicht förderliche Glaubenssätze negativ abgestempelt. Wir konnten uns bisher weder verteidigen noch rechtfertigen.

Wenn Menschen über Glaubenssätze sprechen, hat das fast immer diesen negativen Touch. Ihr beschäftigt Euch in erster Linie mit den nicht förderlichen Familien. Viel seltener findet unsere andere Familienlinie, die förderlichen Glaubenssätze, Erwähnung.

Das liegt zum einen daran, dass dieser Familienzweig viel kleiner ist; zum anderen habt Ihr Menschen die Eigenart, dem Negativen viel mehr Beachtung zu schenken. Das schadet Euch!

Damit wären wir auch schon bei einem der verschiedenen Themen meiner Memoiren. Ich werde Euch auf die Fokussierung

Eures Denkens aufmerksam machen und damit zum Umdenken anregen.

Ich hatte lange überlegt, ob es besser sei, weiter im eher Verborgenen, leicht esoterisch angehauchten Status zu bleiben. Dann traf ich die für mich einzig richtige Entscheidung:

Ich werde Klarheit bringen!!

Ich werde den Menschen alles über den Wirkungseinsatz von uns Glaubenssätzen erklären. Das klappt am besten, wenn ich ganz persönlich von meinem eigenen Leben in meinem Menschen (in meinem Fall eine Menschin) berichte.

3) Wer bin ich?

Nachdem mein Leben jetzt gut geregelt in seinen neu geordneten Bahnen verläuft und ich mit Freude mein neues Dasein genieße, habe ich erkannt, dass ich Lust auf eine neue Herausforderung habe. Also genau der richtige Zeitpunkt für meine Memoiren!

Damit Ihr wisst, wer hier schreibt, werde ich mich zuerst einmal vorstellen:

Ich bin (oder war) ein sogenannter nicht förderlicher Glaubenssatz und lebe seit mehreren Jahrzehnten schon in meinem Menschen.

Viele Erfahrungen habe ich in meinem Leben gemacht.

Viele Reaktionen meines Menschen konnte ich beobachten, die durch mich verursacht waren.

Ich kann sehr genau die, durch mich ausgelöste, Wirkung meines Menschen auf seine Umgebung und auf andere Menschen beschreiben.

Auch die beruflichen Auswirkungen, die durch

meine Anwesenheit entstanden, werden hier in meinen Memoiren erklärt.

Vielleicht ist es Euch schon aufgefallen: Ich spreche Euch hier nicht mit förmlichem SIE an, sondern habe das DU gewählt, da mir bekannt ist, dass ihr Menschen alles viel leichter in der Du-Form verstehen könnt.

Ach ja - Wer bis hierher gelesen hat und das DU zu persönlich findet, darf sich den folgenden Text gerne gedanklich auf "Sie" umformulieren!

Mir, als Glaubenssatz, liegt jedenfalls die DU-Form viel mehr. Es passt viel besser zu unserem geselligen, kumpelhaften Charakter.

Warum schreibe ich diese Memoiren und wozu sind sie wichtig?

Es ist mir ein großes Anliegen, euch Menschen ein klares Bild von uns Glaubenssätzen zu geben, denn es sind so viele unterschiedliche Aussagen und Meinungen über unser Wirken im Umlauf.

Ich fühle mich berufen, jetzt, von unserer Seite aus, Klarheit zu schaffen, damit Ihr uns

Glaubenssätze erkennen und verstehen könnt. Vielleicht gelingt es Euch dann, uns zu achten und auch wertzuschätzen, indem Ihr erkennt, dass wir für Eure Entwicklung sehr wertvoll sein können.

Doch, alles der Reihe nach, ich will nicht schon zu viel vorwegnehmen.

Lest bitte alles gut durch, dann werdet Ihr viele Erkenntnisse erhalten, die Euch in Eurem Leben weiterhelfen.

Ich werde damit beginnen, Euch einige allgemeine Informationen über uns Glaubenssätze zu geben.

4) Glaubenssatz --> was ist das?

Für alle, die uns noch nie wahrgenommen haben, stelle ich die Glaubenssätze erst einmal vor:

Wir sind verwandt mit den Gedanken und Gefühlen und bestehen wie diese aus reiner Energie.

Unsere spürbare Entstehung verdanken wir den Menschen, die uns sozusagen geformt haben.

Vielleicht könnt Ihr es Euch so vorstellen, dass wir einfach als neutrale Energie herum schwirren, bis wir von irgendeinem Menschen gebraucht und benutzt werden.

Ihr sprecht einen Gedanken aus oder handelt danach, Ihr denkt oder fühlt einfach diesen Gedanken und, schwuppdiwupp, erschafft Ihr uns.

Wir werden also nur aktiv und bekommen eine Bedeutung oder eine Form durch Euer Denken, Sprechen und Handeln.

Es gibt unzählbar viele verschiedene Glaubenssätze.

Unser Dasein, unser Leben, ist sehr vielschichtig.

Meist werden wir von euch Menschen in förderliche und nicht förderliche Glaubenssätze unterteilt, doch dazu komme ich später noch genauer.

Nur soviel jetzt schon: Ihr Menschen entscheidet, wenn Ihr uns erschafft, zu welcher Gattung wir gehören werden.

Ich finde es übrigens richtig witzig, dass Ihr uns meist unbewusst erschafft oder übernehmt und Euch dann irgendwann über das Ergebnis wundert.

So leben die Mitglieder unserer Spezies unter oder in euch Menschen, ohne dass man uns als Glaubenssatz überhaupt erkannt hat.

Meist geben **wir** Eurem Handeln, Sprechen und Fühlen eine bestimmte Richtung, ohne dass Ihr es überhaupt bemerkt.

Ihr denkt, dass Ihr alles alleine entscheidet, doch **wir** sind diejenigen, die Euch leiten.

Inzwischen gibt es aber immer mehr Menschen, die uns bemerkt haben oder zumindest etwas erahnen.

Viele von Euch setzen sich dann mit uns auseinander und decken unser bis dato unerkanntes Leben immer weiter auf, nicht nur bei sich selbst, sondern auch bei anderen.

Deshalb ist es auch für mich an der Zeit, unser Wirken in Euch zu beschreiben und genau zu erklären, aus der persönlichen Sicht der Glaubenssätze.

5) Die Familien der Glaubenssätze

Vor meiner Erweckung, oder nennen wir es Geburt, war ich, wie alle anderen Glaubenssätze auch, reine, sozusagen neutrale Energie.

Ich gehöre zu einer sehr großen Gruppe von ähnlich wirkenden Glaubenssätzen. Meine Familie ist sehr stark und einflussreich.

Alle Glaubenssatz-Familien sind wiederum in viele, sehr unterschiedliche Unterfamilien gegliedert, die stark miteinander in Verbindung stehen.

Als Glaubenssätze sind wir sehr gesellig. Wir sind immer auf der Suche nach Verwandtschaft und Freunden, die uns ähnlich sind.

Dabei übersteigt unsere Ortungsfähigkeit alle elektrischen Geräte, die ihr Menschen jemals erfunden habt. (he,he,he ...)

Haben wir andere Glaubenssätze gefunden, so bleiben wir in engem Kontakt mit ihnen.

Meist verbinden wir uns miteinander, um unsere Energie immer weiter zu erhöhen.

Wir entwickeln dadurch eine sehr starke Anziehungskraft, die immer stärker wird, je mehr Familienmitglieder sich schon untereinander gefunden und verbunden haben.

Wird ein neues Mitglied einer Glaubenssatz-Familie erweckt und in einem Menschen verankert, so beginnt es sofort nach anderen Familienmitgliedern Ausschau zu halten und diese anzuziehen.

Vielfach verbindet es sich auch mit Mitgliedern ähnlicher Familien, um neue Kräfte zu entfalten.

Da es bei der „Besiedlung" der Menschen meist einfacher ist, als nicht förderlicher Glaubenssatz einzuziehen, leben in erster Linie nicht förderliche Glaubenssätze in Euch.

Ich finde es interessant, dass Ihr viel schneller in die negative Richtung beeinflusst werden könnt, als in eine positive.

Ihr wählt lieber das schwerere Leben mit nicht förderlichen Glaubenssätzen und ermöglicht uns damit ein ziemlich leichtes Wirken in Euch.

Danke dafür!

Warum Ihr Euch so verhaltet, sollte wirklich einmal erforscht werden.

Vielleicht wirkt hier ein klitzekleiner, nicht förderlicher Glaubenssatz, den Ihr schon vor Eurer Geburt zu Euch eingeladen habt.

Wer weiß?!

Ich könnte zu diesem Thema auch unsere Familien-Ältesten befragen, vielleicht wissen sie genaueres.

Aber, ob ich es Euch dann erzähle, warum ihr Menschen unbewusst uns nicht förderliche Glaubenssätze bevorzugt?

Wohl besser nicht, denn dann geht womöglich unsere Geburtenrate merklich zurück und die Familien der förderlichen Glaubenssätze nehmen überhand.

Es könnte sein, dass ich dann geschimpft werde oder, noch schlimmer, womöglich vor das Familiengericht beordert werde!!

Oh nein!

Besser ihr Menschen sucht selbst nach dem Grund ...

... falls es Euch überhaupt interessiert.

6) Meine Ur-Familie

Die Wurzeln meiner Familie reichen weit zurück in die Vergangenheit. Mein Familienzweig war also schon sehr früh an der Entwicklung der Menschheit beteiligt.

Sollten wir unserer Familie einen Namen geben, so wie es bei euch Menschen üblich ist, so würde ich uns **„Männer sind mehr wert als Frauen"** nennen.

Wie genau mein Urahn entstand, kann ich nur vermuten, es ist leider nicht überliefert. Ich gehe aber davon aus, dass es damals genauso war, wie es heute auch passiert.

Meine Theorie zu unserer Entstehung ist folgende:

Irgendjemand von euch Menschen, nennen wir ihn einfach **Primus**, dachte an das Thema, das durch unsere Familie verkörpert wird. Vielleicht sprach er es sogar aus und formte dadurch meinen Urahn, der sich daraufhin in diesem Menschen **Primus** einnistete.

Wie ich schon erklärt habe, sind Glaubenssätze überaus gesellig und haben außerdem die Tendenz, sich immer zu bestätigen und mit mehr Energie aufzuladen.

Ganz seiner Natur entsprechend, begann deshalb mein Urahn den Menschen **Primus** für seine Zwecke zu beeinflussen.

Primus suchte in seinem Umfeld ab sofort nach ähnlichen Themen, wie **„Männer sind mehr wert als Frauen"** oder nahm entsprechende Situationen häufiger wahr. Dadurch erweckte er

neue Glaubenssatz-Familien, wie z.B.
„Männer sind die geborenen Anführer", und
„Frauen sind das schwache Geschlecht".

All diese neuen Familien entstanden aus den Gedanken von **Primus** und gesellten sich nach ihrer Erweckung zu meinem Urahn. Dies erhöhte wiederum die Energie meines Vorfahren.

Diese Glaubenssatz-Gruppe beeinflusste daraufhin **Primus** immer intensiver, um seine Wahrnehmung auf bestimmte Bereiche zu lenken.

Wahrscheinlich ließ diese Fokussierung, im Laufe der Jahre, die Menschen in erster Linie starke, im Kampf siegreiche Männer bemerken. Die Frauen wurden dagegen eher als unscheinbar registriert.

Wichtige und sehr einflussreiche Glaubenssatz-Familien, mit Namen
„Frauen gehören ins Haus" und
„Hausarbeit ist Frauensache"
waren entstanden.

Sicher kennt Ihr einige Beispiele, die zeigen, dass diese Familien heute noch sehr stark in euch Menschen vertreten sind.

Aber - Noch einmal zurück zu **Primus**:
Dadurch dass er immer mehr Beispiele in Richtung **„starker Mann, schwache Frau"** registrierte oder Menschen traf, die genauso dachten, wurde mein Urahn in **Primus** immer aktiver.

Mein Urahn bekam vermehrt Energie, die er dann wieder, zunehmend kräftiger, durch **Primus** ausstrahlen konnte.

Diese starke Energie zog mit Leichtigkeit ähnliche Glaubenssätze an, wie z.B. **„Frauen gehören an die Feuerstelle"**, die mein Urahn freudig in seinem Menschen **Primus** aufnahm.

Sicherlich war es ein fröhliches Treiben in **Primus**, der sich zur damaligen Zeit wohl nie Gedanken über sein Denken und Handeln gemacht hat.

Für Ihn war das völlig normal, es wurde einfach zu seiner Wesensart.

Primus sprach, handelte und fühlte immer mehr im Sinne meines Urahns, ohne zu wissen oder zu verstehen, wieso er das tat.

Vielleicht achtete er inzwischen Frauen weniger als Männer und lebte diese fehlende Wertschätzung für Frauen sichtbar und nachahmbar für andere.

Er umgab sich mit gleichdenkenden Menschen oder war in der Lage andere Menschen zu überzeugen und ihnen dadurch auch weitere Mitglieder meiner Ur-Familie einzupflanzen.

So wie **Primus** handelten zur damaligen Zeit die meisten Menschen.

In ihnen entstanden richtige Glaubenssatz-Großfamilien, die mit hoher Energie ihre Menschen beeinflussten.

Die Menschen zur Zeit meines Urahnen waren, im Vergleich zu heute, noch viel stärker miteinander in persönlichem Kontakt.

Es war extrem wichtig zur Gemeinschaft zu gehören.

Also passten sich die Menschen gegenseitig an.

Dies war für die Glaubenssätze der damaligen Zeit eine gute Eigenschaft, es war dadurch sehr leicht sich zu treffen und zu vermehren.

Viele Heiraten fanden statt, viele neuen Glaubenssatz-Kinder wurden geboren.

Die unterschiedlichen Glaubenssatz-Familien hatten großen Spaß daran, sich weiter zu entwickeln.

Durch oftmals arrangierte Hochzeiten passten

sie sich schnell den veränderten Gegebenheiten der Zeit an und kreierten neue und immer modernere Familien.

Meine Ur-Familie ist heute immer noch so stark und aktiv, dass ganze Länder von ihr beeinflusst sind.

Ihr könnt das in den Ländern sehen, in denen Frauenrechte nur wenig existieren.

Die Aneinander Anpassung der dort lebenden Menschen und das Hineingeboren Werden und damit das einfache Übernehmen der Glaubenssätze von Eltern oder Familie führt dazu, dass diese Menschen, die von uns Glaubenssätzen bewirkten Einstellungen für normal halten.

Sie ermöglichen uns Glaubenssätzen damit ein kraftvolles, ungestörtes Leben in ihnen zu führen.

Auch in Eurer modernen Welt sehe ich immer wieder Ausprägungen meiner Ur-Familie.

Euer Streben nach Gleichberechtigung von Mann und Frau wird durch Nachkommen meiner einflussreichen Glaubenssatz-Familie auch heute noch deutlich gestört.

Ich muss zugeben, ich bin richtig stolz, zu dieser so traditionsreichen Familie **„Männer sind mehr wert als Frauen"** zu gehören. Je mehr ich darüber nachdenke, desto wichtiger fühle ich mich.

Ihr Menschen müsst doch auch zugeben: Es ist wirklich eine beachtliche Aufgabe, eine große Verantwortung und ein toller Job, den wir Glaubenssätze leisten!!!

Ich fühle mich gerade riesig groß!!

Kann ein Glaubenssatz eigentlich vor Stolz platzen?? Ich glaube nicht. Wir sind doch, so zeigen es die Erfahrungswerte, unsterblich, also geht platzen überhaupt nicht! Genial !!!

Oh, meine Begeisterung hat gerade meinen Schreibfluss unterbrochen.

Wieder zurück zum Thema Unsterblichkeit:
In Eurer heutigen Zeit existieren, selbst hier in der westlichen Welt, ganz tief in Euch, Nachkommen meiner Ur-Familie, nur in moderner, angepasster Form. Alle sind meine starken Geschwister und Verwandten.

Wir sind ein sehr altes Geschlecht der Glaubenssatz-Spezies und eigentlich sind wir unsterblich! **Es sei denn...**
Doch dazu komme ich später.
Soviel zu meiner Verwandtschaft. Jetzt berichte ich Euch von meinem eigenen Leben.

7) Meine „Geburt" als Glaubenssatz

Ich hatte Euch schon beschrieben, dass viele Angehörige der nicht förderlichen Glaubenssatz-Familien schon vor meiner Geburt in euch Menschen lebten. Ihre weit ausstrahlende Energie beeinflusste auch meinen „Erwecker" und machte es ihm leicht, mich zu formen.

Meine „Geburt" war also sehr einfach und verlief ohne Komplikationen. Dieser Mann, der mir mein „Leben" gab, trug selbst schon die verschiedensten Glaubenssätze in sich.

Nach meinem Einzug bei ihm, entdeckte ich einige meiner Verwandten, die auch schon dort wirkten. Sie gehörten zu unserer Hauptfamilie **„Männer sind mehr wert als Frauen"**. Mehrere gute Freunde unserer Familie hatte ich auch sofort wahrgenommen.

Besonders mein Glaubenssatz-Verwandter der Familie **„Man braucht einen Stammhalter"** und seine Glaubenssatz-Schwägerin **„Der Familienname geht durch eine Tochter verloren"**. waren schon zu Jugendzeiten meines „Erweckers" eingezogen.

Diese beiden Familien sind wiederum auch Nachfahren meiner Ur-Familie.

Mein „Erwecker" handelte also so, wie seine Glaubenssätze es ihm vorgaben. Außerdem wurde es ihm von anderen Menschen so vorgelebt, von Menschen, die wiederum ähnliche Glaubenssätze in sich trugen.

Meine Ur-Familie mit ihrer starken Energie würdet Ihr, in Eurer Sprache heute, als Haupt-Glaubenssatz bezeichnen. Im Vergleich zu anderen Glaubenssatz-Familien hat eine Ur-Familie eine weitaus größere Kraft und ist viel stärker in einem Menschen verankert.

Alle anderen Familien, die im Anschluss zu einer Ur-Familie ziehen, geben dieser Haupt-Glaubenssatz-Familie Schutz vor Entdeckung. Sie bilden eine Art Schutzwall um die Ur-Familie.

Bei Angriffen gegen uns, wenn Ihr zum Beispiel versucht, uns Glaubenssätze in einer Person zu finden, bilden alle kleineren, schwächeren Glaubenssatz-Familien einen Sichtschutz um die Ur-Familie. Ein Erkennen oder Aufspüren einer Ur-Familie bedeutet immer die Schwächung der gesamten Glaubenssatz-Gemeinschaft in einem Menschen. Das zu verhindern hat deshalb höchste Priorität.

Jetzt bin ich doch schon wieder beim Erklären abgeschweift. Also wieder zurück zu meiner eigenen Geschichte:

All diese unterschiedlichen Glaubenssatz-Energien in meinem „Erwecker" lenkten ihn, ohne dass er es bemerkte.

Sie führten dazu, dass er als Vater in seiner Tochter den Weg für ähnliche Glaubenssätze ebnete und ich, als Nachfahre meines Urahnen **„Männer sind mehr wert als Frauen"** leicht und schnell in der Tochter einziehen konnte.

Zu Eurem Verständnis noch eine Erklärung:
Als Nachfahre dieser Ur-Familie bin auch ich wieder ein Haupt-Glaubenssatz.

Meine heutige Familie trägt den Namen

„Ich bin wertlos"

und zählt zu den modernsten Glaubenssatz-Familien dieser Zeit.

Ich bin also, als nicht förderlicher Glaubenssatz der Familie **„Ich bin wertlos"** sehr wichtig und verfüge über enorme Energie.

Unter uns nicht förderlichen Glaubenssätzen bin ich deshalb, im genauen Gegensatz zu meinem Namen, sehr wertvoll.

»Euch Menschen mit diesem Wortspiel ein bisschen zu verwirren, macht mir gerade richtig Spaß!«

Durch die hohe Energie, die ich, als Haupt-Glaubenssatz-Familienangehöriger »ihr Menschen habt wirklich lustig lange Worte« nach außen strahlte, fühlten sich viele gleich-schwingende Glaubenssätze angezogen und bereicherten mit immer stärkerer Energie unsere Gemeinschaft in diesem kleinen Mädchen. Wir waren eine wirkliche Power-Truppe!

Durch mich, meine Verwandtschaft und meine Glaubenssatz-Freunde geprägt, wuchs das Kind auf, ohne jedoch von uns zu wissen.

8) Die Wirkungsweise von uns Glaubenssätzen

Lasst mich Euch jetzt erklären, worin unsere Aufgabe in euch Menschen besteht.

Vielleicht denkt Ihr, wenn niemand von der Existenz der Glaubenssätze weiß, braucht man sie doch nicht und sehr wirksam können sie dann auch nicht sein.

Ich versuche Euch leicht verständlich zu beschreiben, was wir Glaubenssätze in Euch bewirken.

Glaubenssätze sind Gedanken oder Gefühle, die in Euch, meist in Eurem Unterbewusstsein, gespeichert sind. Manchmal reichen unsere Kräfte und Wirkungen aber auch bis in Euer Bewusstsein.

Ihr erklärt unsere Auswirkungen in Euch dann mit Worten, wie:

„Das ist meine Meinung!"
„So bin ich eben!"
„So wurde ich erzogen!"
„Das ist normal!"
„Das war schon immer so!"

Unsere Beeinflussung ist so stark, dass Ihr unsere Wirkungen in den meisten Fällen einfach hinnehmt.
Ihr hinterfragt sie nur sehr selten.

Oft verallgemeinert Ihr unsere Auswirkung sogar, besonders wenn Ihr sie in Eurem Umfeld auch an anderen Menschen seht.

Das, was so viele denken, fühlen oder tun, wird für Euch normal und damit einfach akzeptiert und übernommen.

Aber wieso orientiert Ihr Euch so sehr an Anderen und macht es uns Glaubenssätzen damit so leicht?
Diese Frage wurde in Glaubenssatz-Kreisen sehr lange diskutiert.

Wir gehen davon aus, dass uns Euer noch immer sehr aktives Reptiliengehirn zu Hilfe kommt.

Ich kann auch den anderen Namen „Hirnstamm" verwenden, wenn Ihr den Vergleich mit Reptilien nicht so schön findet.

Seit seiner Entwicklung vor ca. 500 Millionen Jahren, ist dort gespeichert, was für Euer

Überleben extrem wichtig ist, alle lebenswichtigen Bereiche wie Atmung, Regulation des Herzschlages, Nahrungsaufnahme und Darmtätigkeit.

Deshalb bewirkt es sicherlich auch Euren Drang, zu einer „Herde" zu gehören, denn Alleinsein bedeutet, vor Gefahren nicht geschützt zu sein und gefährdet das Überleben.

Also passt Ihr Euch heute noch, geprägt von diesem Ur-Hirn, anderen Menschen an.

Ihr hinterfragt einfach nicht deren Denken oder Verhalten, welches von uns verursacht wird.

Ihr fragt Euch noch nicht mal, ob es zu Euch passt oder sogar schädlich sein könnte.

Vielleicht erkennt Ihr jetzt schon, wie selten Ihr die „Bestimmer" Eures Lebens seid und wie häufig Ihr nur auf Impulse des Ur-Hirns, wie Instinkt-gesteuert, reagiert.

Zusammen mit Eurem Reptiliengehirn sind wir Glaubenssätze eine sehr effektive Mannschaft, die euch Menschen im Geheimen steuert.

Doch weiter über die Wirkungsweise Eures Ur-Hirns zu berichten, überlasse ich lieber einem Vertreter dieser Spezies selbst.

Vielleicht mag sich jemand von diesen Hirnen auch einmal zu Wort melden, um euch Menschen in Eurer Entwicklung und Weiterbildung zu helfen, das wäre sicher auch sehr spannend.

9) Meine ersten Auswirkungen in der jungen Menschin

Zurück zu mir und meinem Können:

Meine Anwesenheit in dem Mädchen bewirkte, dass es glaubte oder sogar spürte, nicht soviel wert zu sein.

Es hinterfragte nicht, ob dies in Wahrheit stimmte oder nur ein Gefühl war.
Das Mädchen nahm es einfach so an, quasi als seine eigene Wahrheit.

Ich, ihr Haupt-Glaubenssatz, war mit meiner **„Ich bin wertlos"**-Energie immer aktiv.
Meine kraftvolle Energie pulsierte ständig im Inneren des Mädchens.

Ihr könnt es Euch wie eine Melodie vorstellen, die sich immer wiederholte.

Meine **„Ich bin wertlos"**-Glaubenssatz-Energie-Endlosschleife!!

Durch mich geprägt, fühlte sich das Mädchen, immer häufiger, klein und wertlos.

Weil sie diese Meinung von sich hatte, empfand sie viele Geschehnisse oft negativ oder interpretierte sie zumindest so.

Ich hatte sehr leichtes Spiel mit ihr. Ich gab ihr nur den Impuls „Schau mal da!“ und sie sah dort wieder eine Bestätigung für ihre Wertlosigkeit.

Immer öfter richtete ich ihren Fokus auf Dinge, die sie wieder nur negativ im Gedächtnis abspeicherte. Bald war sie soweit, dass sie, auch ohne meine Hilfe, schon so reagierte.

Ich sehe richtig, wie Ihr beim Lesen gerade den Kopf schüttelt und nicht glauben wollt, dass diese Beeinflussung so leicht funktioniert und trotzdem so stark wirksam sein kann.

Glaubt mir, es ist so einfach.

Je früher wir in euch Menschen einziehen, umso leichter können wir euch auch beeinflussen.

Es gibt ein Zitat bei euch Menschen, das hier genau passend ist:

„Früh übt sich, was ein Meister werden will!"

Je jünger Ihr seid, wenn wir bei Euch einziehen, desto fester haben wir Euch im Griff. Was Ihr von klein auf lernt, behaltet Ihr sehr gut auch im Erwachsenenalter bei.

Von Kindheit an lernt Ihr, unsere Impulse einfach hinzunehmen, Ihr kennt es ja nicht anders, Ihr wachst mit uns auf. Unsere Auswirkungen gehören einfach zu Eurem Leben.

Echt, genial einfach mit Euch!!

10) Weitere Glaubenssatz-Mitbewohner und unser einflussreiches Leben

Das Mädchen fühlte sich auch sehr oft schuldig, ohne dass es wirklich verantwortlich war oder verantwortlich gemacht wurde.
Blicke der Eltern, die vielleicht gar nichts mit ihr zu tun hatten, empfand es schon oft als Bestrafung oder Rüge gegen sich.

Grund dafür war die Glaubenssatz-Familie **„Ich bin schuldig"**, die auch in dem Mädchen eingezogen war.

„Ich bin schuldig" ist eine weitere sehr mächtige, alteingesessene Glaubenssatz-Familie, die schon seit vielen Jahrzehnten, wenn nicht sogar schon seit Jahrhunderten, mit großer Energie in Menschen wirkt.

Ich habe ihr Wirken in meinem Leben schon sehr oft beobachten können. Ein Impuls von ihnen und die Körpersprache von euch Menschen ändert sich schlagartig.

Im wahrsten Sinne des Wortes!!
Als ob Euch jemand einen Schlag auf den Kopf gegeben hätte.

Euer Kopf sackt nach unten, Eure Schultern hängen kraftlos, Eure Energie nimmt rapide ab. Das ist faszinierend!

Ich habe richtig Hochachtung vor dieser mächtigen Glaubenssatz-Familie **„Ich bin schuldig"**!

Das Zusammenwirken mit meinen **„Ich bin schuldig"**-Freunden gab mir enorme Stärke. Meine Energie wuchs mit jedem mal, wenn sich das Kind klein und unwichtig oder auch nicht geliebt fühlte. So wurde es für mich immer leichter, an Größe und Macht zu gewinnen.

»„Schau mal da, Dein Vater lobt andere Kinder viel mehr als Dich."«

»„Hast du gehört, Dein Vater hätte gerne einen Sohn. Du bist nicht gut genug ."«

»„Andere Kinder können schon längst Fahrrad fahren."«

Solche und ähnliche Dinge flüsterte ich ihr zu und steuerte so die Wahrnehmung des Kindes weiter auf Beispiele, mit denen es als Mädchen erneut eine Bestätigung seiner Wertlosigkeit bekam.

Vielleicht waren diese Situationen, auf die ich den Fokus lenkte, gar nicht abwertend für das Mädchen gedacht, aber ich, als **„Ich bin wertlos"**, hatte die Kontrolle über die Wahrnehmung des Kindes.

Ihr könnt euch vorstellen, wie sehr ich dieses Leben liebte und mit Spaß ganz viele Freunde und verwandte Glaubenssätze einlud, um mit mir dieses tolle Leben zu teilen.

Wir waren eine gesellige Truppe.

Ein paar von uns fallen mir auf Anhieb ein:

- Tante: **„Ich bin schuldig"**, über ihr kraftvolles Wirken habe ich schon berichtet

- Cousin: **„Ich werde nicht geliebt"**

- mein Freund:
  „Ich werde nicht wertgeschätzt"

- Oma: **„Ich bin nicht gut genug"**

- mein anderer Freund:
  „Ich werde immer enttäuscht"

- meine Hauptfreundin:
  „Ich kann niemandem vertrauen"

- mein Freund aus einer anderen Haupt-Glaubenssatz-Familie:
  „Ich liebe mich nicht"

Gerade die **„Ich liebe mich nicht"**-Familie ist auch sehr groß und mächtig.

In fast allen von euch Menschen lebt mindestens ein Mitglied dieser Familie.

Man könnte glauben, dass unsere beiden Haupt-Glaubenssatz-Familien sich ein richtiges Rennen um den ersten und einflussreichsten Platz in euch Menschen liefern.

Wir sind aber keine Konkurrenten, sondern leben sehr gerne gemeinsam in Euch.

Wenn Angehörige unserer beiden Familien

„Ich bin wertlos" und **„Ich liebe mich nicht"**

zusammenarbeiten, dann sind unsere Auswirkungen auf euch Menschen besonders kraftvoll und deutlich zu spüren.

Entschuldigt bitte, ich schweife immer wieder ab und bleibe nicht bei mir und meiner Lebensgeschichte.

Aber so bekommt Ihr ein besseres Verständnis von uns Glaubenssätzen.

11) Das Punktesystem

In meiner Menschin lebten wir alle gemeinsam ein lockeres, unbeschwertes Leben.

Wir hatten sogar ein Spiel erfunden. Wir zählten Punkte. Wenn ein Glaubenssatz das Mädchen so beeinflusste, dass es daraufhin irgendetwas wahrnahm, was diesen Glaubenssatz und damit seine Richtigkeit bestätigte, so erhielt dieser Glaubenssatz dafür einen Punkt.

Eigentlich will ich mich ja hier nicht selbst loben, aber ihr sollt schon erfahren, dass mir dieses tolle Spiel eingefallen ist, das von uns allen von Beginn an mit großer Begeisterung gespielt wurde. Ich möchte Euch von zwei besonderen Beispielen erzählen ...

Meine Tante **„Ich bin schuldig"** bekam einen Punkt, als der Familienhund weglief und das Kind sich daraufhin schuldig fühlte, nicht gut genug auf den Hund aufgepasst zu haben.

Einen ganz großen Punkt bekam ich, als Angehöriger der Familie **„Ich bin wertlos"**, für folgende Situation:
Das Mädchen war heimlich verliebt und schrieb einen Liebesbrief an einen Jungen, den es richtig toll fand. Dieser Brief wurde ihr dann aber von anderen Kindern abgenommen, die ihn im Anschluss laut vorlasen. Das Mädchen schämte sich so sehr, dass es sofort einen roten Kopf bekam.

Jetzt, während ich über diese Situation schreibe, glaube ich, dass mir für diese total peinliche Situation die doppelte Punktzahl zugestanden hätte. Mindestens!

Im Anschluss bekam sogar mein Cousin **„Ich werde nicht geliebt"** auch noch einen Punkt, weil der besagte Junge daraufhin nichts mehr von dem Mädchen wissen wollte.

Geprägt durch uns Glaubenssätze
„Ich bin unwichtig" und
„Ich bin nicht liebenswert"
fand das Mädchen nur wenige Freunde.

Mein Glaubenssatz-Freund
„Ich werde immer enttäuscht"
wurde dadurch viel aktiver und begann
seine volle Größe zu entwickeln.

Später, als das Mädchen erwachsen war, nahm
auch die Anzahl der Punkte bei meinem Freund
„Ich werde immer enttäuscht" stark zu.

Die Energie, die wir beide zusammen
ausstrahlten, war inzwischen deutlich als
Angst zu spüren, die immer öfter von anderen
Menschen wahrgenommen wurde.

Viele nutzten die damit verbundene
Unsicherheit der jungen Frau aus,
weshalb meine Haupt-Freundin
„Ich kann niemandem vertrauen"
ständig neue Punkte sammeln konnte
und in der Rangliste schnell aufholte.

12) Die Emotionsmauer und der Druck
--> Suche nach Anerkennung

Dank der guten Zusammenarbeit von uns Glaubenssätzen steuerten wir die junge Frau sehr machtvoll. Wir ließen sie so viele negative Erfahrungen machen, dass sie sich richtig gegen diese Gefühle abschotten musste.

Sie begann eine Schutzmauer gegen Gefühle aufzubauen, um Enttäuschungen nicht mehr so stark zu empfinden. Durch diese Emotionsmauer konnte sie aber auch alle positiven Gefühle nur noch abgeschwächt spüren.

Dieser Mangel an positiven und aufbauenden Gefühlen führte dazu, dass meine Menschin unter permanentem Druck stand. Sie versuchte, durch ihre Leistungen, wenigstens ein bisschen Anerkennung zu verdienen.

Sie arbeitete länger als nötig, nahm Zusatzarbeiten an und half überall, wo es ihr nur möglich war. Damit hoffte sie, auch ihrem Vater zeigen zu können, wie viel sie leisten konnte, um dann von ihm mehr Wertschätzung zu erhalten.

Dieses Verhalten ist ein sehr eindrucksvolles

Beispiel für die Beeinflussung durch Glaubenssätze!

Meine Menschin wusste nichts von meiner Existenz als **„Ich bin wertlos"**, aber reagierte in völliger Übereinstimmung zu mir.

Bei soviel Erfolgserlebnissen musste ich schon sehr aufpassen, nicht überheblich zu werden. Mein Selbstwertgefühl stieg in schwindelnde Höhen.

Die Menschin traute sich auch nur selten, ihre eigene Meinung durchzusetzen.

Meist gab sie den Vorgaben ihres Vaters nach und bei ihren wenigen Freunden passte sie sich sehr oft deren Überzeugungen an.

Ich, als Haupt-Glaubenssatz leistete wirklich hervorragende Arbeit.

Manchmal hatte ich den Eindruck, dass meine weniger kraftvollen Glaubenssatz-Kollegen schon neidisch auf mich wurden.

Meine Brust platzte fast vor Stolz.

Ich war mir sicher, beim nächsten Treffen unserer Glaubenssatz-Familien würde ich die Auszeichnung für das effektivste Arbeiten in einem Menschen bekommen!!

Ein weiterer Kandidat für diese Auszeichnung war mein Großonkel **„Ich bin unwichtig"**.

Er beeinflusste die Menschin so sehr, dass sie sich bei der Berufswahl auch wieder dem Wunsch des Vaters unterordnete, obwohl sie ganz andere Träume gehabt hatte.

Ich muss zugeben, ich bewundere die überragenden Fähigkeiten meines Großonkels.

Er bestimmte damit einen ganz wichtigen Bereich des Lebens unserer Menschin, nicht nur kurzfristig, sondern für lange, lange Jahre.

Mit all´ dem, was ich Euch von uns erzählt habe, könnt Ihr jetzt sicher erkennen, mit welcher Leichtigkeit wir Glaubenssätze diese junge Frau mit unseren Impulsen steuerten.

Ein kleiner Anstoß genügte und sie reagierte sofort, genau so, wie wir es wollten.

Doch welcher Glaubenssatz war "neben mir natürlich" für diese Reaktion der jungen Frau verantwortlich?

Ihr ganzes Verhalten war ganz klar gesteuert von der Haupt-Glaubenssatz-Familie **„Ich liebe mich nicht"**.

Sie gaben den Impuls, dass die Menschin, neben fehlendem Selbstwert "durch mein Wirken", auch keine Selbstliebe entwickeln konnte.

Sie war in erster Linie für die Anderen da und

nahm sich selbst viel zu oft zurück.

Weil diese Familie **„Ich liebe mich nicht"** ihre starke Energie nach außen strahlte, lud sie dadurch verwandte Familien ein.

Also auch meinen Großonkel **„Ich bin unwichtig"**, der freudig seine Fähigkeiten einbrachte.

Unsere Energien nahmen immer stärker zu, je mehr unsere Glaubenssatz-Gemeinschaft wuchs.

Wir waren auf einem richtigen Höhenflug!

Die Menschin entwickelte sich, durch uns alle geprägt, von einem „Glaubenssatz-Geheimtip" zu einem überaus „beliebten Wohngebiet".

Einem Ort für aufstrebende Glaubenssätze, die sich selbst verwirklichen wollten und ihren hohen Zielen entgegen strebten.

Irgendwann wurde es richtig eng in der Menschin und wir Alteingesessenen begannen eine Warteliste zu erstellen, für all diejenigen, die noch einziehen wollten ...

Manche Familien begannen schon platzsparend zu verschmelzen, um den nachfolgenden Freunden Raum bieten zu können.

Positive und förderliche Glaubenssatz-Mitglieder trauten sich schon gar nicht mehr, um Aufnahme zu bitten. Sie wurden von den forschen, nicht förderlichen Glaubenssätzen förmlich verjagt.

Eine kleine Anzahl an wirklich förderlichen Glaubenssätzen, die es früher einmal geschafft hatte, in der Menschin aufgenommen zu werden, lebte aber noch zurückgezogen und unauffällig in ihr weiter.

Die sanfte, liebevolle Energie dieser förderlichen Glaubenssätze wurde aber immer mehr von der stark blockierenden Kraft der nicht förderlichen Glaubenssätze unterdrückt.

Ihre schwächer werdende Kraft führte dazu, dass die meisten von ihnen dann doch noch aus der Menschin vertrieben wurden.

Nur ein ganz kleiner Rest konnte sich weiterhin behaupten und lebte immer noch versteckt, ganz tief drinnen in der Menschin.

13) Die Selbstliebe

Ihr Menschen habt jetzt sicherlich keine allzu gute Meinung von uns nicht förderlichen Glaubenssätzen. Einen Teil Eurer Gedanken kann ich richtig spüren.

Ihr findet uns:
- gemein
- hinterhältig
- verachtungswürdig

Ihr fühlt Euch als willenlose Opfer unserer Macht ...

--> Gut erkannt! Was macht Ihr jetzt mit dieser Erkenntnis?

Ihr fühlt Euch ausgeliefert!

--> Wie reagiert Ihr darauf?

Vielleicht möchte ein Teil von Euch auch alles verdrängen, was ich Euch bis jetzt erzählt habe, und erklärt alles für "erfundenen Unsinn".

--> Auch Märchen haben eine Botschaft!

- Vielleicht beginnt Ihr aber auch, uns und unsere Aufgaben ein wenig zu verstehen.

- Vielleicht ist es unsere Berufung, solange in Euch zu wirken, bis Ihr uns bewusst erkannt habt.

- Vielleicht könnt Ihr jetzt auch beginnen, über eine positive Absicht in unserer Existenz nachzudenken.

- Vielleicht haben wir nicht förderlichen Glaubenssätze im Inneren wirklich diese positive Absicht.

- Vielleicht hat sie mit Lernen und Weiterentwicklung zu tun.

Ich gebe Euch jetzt die Möglichkeit, frei zu entscheiden, ob Ihr Eure Gedanken ins **Negative** oder ins **Positive** ziehen lasst. Ich werde mich da völlig raus halten!

Das ist übrigens eine sehr großzügige Geste von einem Glaubenssatz! Und überhaupt nicht einfach!

Ich lasse Euch hier wirklich einmal ganz alleine entscheiden, völlig unbeeinflusst von mir. Das darf an dieser Stelle einmal deutlich gesagt werden!!

Doch wieder zurück zu meiner Menschin. Zurück zu mir und meinen anderen Glaubenssatz-Verbündeten.

Durch diese ganze Beeinflussung von uns nicht förderlichen Glaubenssätzen, hatte meine Menschin keine wirklich starken Glücksgefühle.

Egal, welche Erfolge sie hatte, sie konnte sich nie richtig darüber freuen.

Bevor auch nur ein Funke von positivem Gefühl entstand, oder sogar Stolz aufkommen konnte, war ich, als Vertreter der Familie **„Ich bin wertlos"**, schneller und ließ sie stattdessen die Wertlosigkeit spüren.

Ein gutes Beispiel meiner Beeinflussung zeigte sich bei einer Jahresabschlussfeier im Sportverein. In diesem Verein war die Menschin sehr engagiert und half selbstlos bei allen Veranstaltungen mit.

In diesem Jahr sollte sie dafür geehrt werden. Jetzt zeigte sich meine ganze Kraft.

Bei der Urkundenüberreichung war ihr alleine schon das Im-Vordergrund-Stehen sichtlich unangenehm.

Immer wieder erklärte sie außerdem, dass ihr Helfen doch ganz selbstverständlich und diese Ehrung nicht nötig sei.

Ihr seht, anstelle Freude über die Anerkennung ihrer Leistungen, ließ ich die Menschin nur unangenehme Gefühle spüren. Sie war sich selbst nicht wert, die Ehrung mit Freude und Stolz anzunehmen.

Meine Anwesenheit wirkte sich oft auch auf ihre Beziehungen aus. Die meisten dieser Beziehungen endeten mit Enttäuschungen, sie wurde von mehreren Freunden betrogen. Nie fand sie die Wertschätzung, die sie suchte.

Die inzwischen sehr zahlreichen Mitgliedern der Haupt-Glaubenssatz-Familie mit Namen **„Ich liebe mich nicht"** hätten der Menschin erklären können, dass jemand, der sich selbst nicht liebt, auch keine Wertschätzung für sich selbst empfindet.

Diese Glaubenssätze hätten auch die Überlegung angestellt, welcher Mensch denjenigen wertschätzen wird, der sich selbst nichts wert ist und sich wertlos fühlt.

Vielleicht hätte die junge Frau dann schon etwas in ihrem Leben erkennen und auch verändern können, aber sie war sich ihrer verborgenen Glaubenssätze noch nicht bewusst.

Unsere Menschin war noch vollkommen im Stadium der Unwissenheit. Wir Glaubenssätze hatten sie sicher im Griff und bestimmten mit Leichtigkeit ihr Leben.

Als Nachfahre der Haupt-Glaubenssatz-Familie **„Mädchen sind weniger wert als Jungen"** trat ich, als erster Glaubenssatz, sehr früh in das Leben meiner Menschin ein und konnte mich ungehindert und im Verborgenen prächtig entwickeln. Im Folgenden gelang es mir, in ihr das Gefühl der Wertlosigkeit anzulegen. Ich war der zündende Funke und hatte den größten Anteil an der Entwicklung der Menschin.

Natürlich nenne ich mich jetzt, etwas moderner, **„Ich bin wertlos"**, aber ich bin sehr stolz auf meine uralten Wurzeln, die auch nach unzähligen Jahren noch genauso kraftvoll in euch Menschen präsent sind, dass ich mich gerne mit dem Namen meiner Ur-Familie schmücke.

Meine Menschin wuchs also mit diesem Gefühl der Wertlosigkeit auf. Sich wertlos zu fühlen war für sie normal, denn sie kannte es nicht anders. Sie akzeptierte es mit der Meinung „So bin ich eben!" und hinterfragte nichts.

Sie kam überhaupt nicht auf die Idee, etwas verändern zu wollen, weil sie nicht wusste, dass sie die Möglichkeit und auch die Fähigkeit dazu gehabt hätte.

Mit mir, als **„Ich bin wertlos"**, hatte die Menschin aber auch gar nicht den Willen, etwas in ihrem Leben zu verbessern. Im Voraus bitte ich um Entschuldigung für meine folgenden, deutlichen Worte:

Ihr Menschen seid nur Marionetten, deren Fäden wir Glaubenssätze halten!

Ihr seid Spielbälle in unseren Händen!

Ihr seid so willenlos, dass Ihr uns ohne Gegenwehr in Euch aufnehmt.

Ganz ehrlich? Ihr merkt es noch nicht einmal!

Die wirklich Bestimmenden in Eurem Leben sind wir, die Glaubenssätze!

Genau das bestätigte sich auch im Leben meiner Menschin!

14) Die ersten Erkenntnisse und Reaktionen

Was geschah in den weiteren Jahren?

Nach langen Jahren unbeschwerten Lebens in meiner Menschin, bemerkte ich eine Veränderung.

Die Menschin reflektierte auf einmal ihr Leben. Sie hinterfragte einzelne Situationen und erkannte gewisse Zusammenhänge.

Sie spürte deutlich, dass irgendwas nicht stimmte. Sie registrierte jetzt auch, dass sie weder positive noch negative Gefühle intensiv empfinden konnte.

Die Mauer, die sie um sich aufgebaut hatte, wurde ihr plötzlich bewusst.

Wir Glaubenssätze hörten Gedanken, wie:
„Ich funktioniere nur, nichts führt zu stärkeren Gefühlen" *und* ***„Ich erinnere mich überhaupt nicht an richtig emotionale Ereignisse in meiner Vergangenheit, alles wirkt irgendwie eintönig."***

Als einflussreicher Haupt-Glaubenssatz, begann ich mir Sorgen zu machen. Meine Gedanken fuhren Karussell. Die verschiedensten Bilder einer "unschönen" Zukunft entstanden vor meinem inneren Auge.

Ich rief alle Glaubenssätze vorsichtshalber zu einer außerordentlichen Versammlung zusammen.

Nach langer, hitziger Diskussion, die bei einigen von uns sogar schon zu leichten Panikattacken führte, kamen wir aber doch zu einem beruhigenden Ergebnis.

Die Menschin wusste immer noch nicht, dass diese Gefühlsarmut eine Auswirkung von uns Glaubenssätzen war. Noch brauchten wir also keine Angst vor Entdeckung zu haben.

Wir beschlossen trotzdem die Impulse in unserer Menschin zu verstärken, um den Schutz für uns Glaubenssätze zu vergrößern.

Wir sendeten ihr deshalb vermehrt das Wertlos-Sein, die Schuldgefühle, das Nicht-genug-Sein und das ewige Suchen nach Anerkennung, das sich nicht befriedigen ließ.

Wir bildeten einen richtigen Glaubenssatz-Panzer um unsere Menschin. Das anfängliche Gefühl, nicht in unserer vollen Stärke zu sein, verschwand sehr schnell und wir hatten wieder richtig Spass an unserem Wirken.

Aus all dem gab es für meine Menschin keinen Ausweg, weil sie immer noch nichts von der Existenz der Glaubenssätze wusste. Das einzige, was sie spürte und was sie regelrecht lähmte, waren wieder Gefühle von Unglücklich-Sein, Hilflos-Sein und dem-Leben-ausgeliefert-Sein.

Wir Glaubenssätze entwickelten erneut unser volles Energiepotential. Es war für uns alle fast wieder wie vor dem Reflektieren und diesem Mehr-bewusst-werden der Menschin.

Sie erkannte aber jetzt sehr oft die negativen Aspekte in ihrem Leben und empfand auch das Fehlen von Positivem. Unbewusst reagierte sie dadurch erneut mit ihrem Schutzmechanismus des Gefühle-Unterdrückens und verstärkte ihn. Wir Glaubenssätze unterstützten sie dabei natürlich mit ganzer Kraft.

Sie verschloss sich erneut vor ihren negativen Gefühlen und damit aber auch vor den positiven und reagierte, wie früher, mit emotionslosem Funktionieren.

Dies war eine richtige Kapitulation vor uns, den Glaubenssätzen. **„Ich bin unwichtig“**, mein Großonkel, hatte uns die Bedeutung von Kapitulation erklärt. Es ist ein endgültiges Sich-beugen vor überlegener Gewalt.

Diese Kapitulation konnten wir nicht nur spüren, sondern auch sehen. Der Kopf unserer Menschin war wieder richtig gesenkt und ihre ganze Körperhaltung stärker gebeugt!!

Wir Glaubenssätze fühlten uns wie überragende Sieger und genossen mit großem Stolz diesen Erfolg. Die Gefahr war gebannt.

Halten wir der Menschin aber zu ihrer Verteidigung zu Gute: Sie wusste nichts von unserer Existenz. Uns, die unsichtbaren Gegner zu schlagen, war für sie fast unmöglich.

Die einzig denkbare Hilfe bot ihr das Auslösen ihres Schutzmechanismus.

Dieser hatte schon sehr früh im Leben meiner Menschin eingesetzt. Das lange Nur-Funktionieren und das Fehlen von intensiven Gefühlen war ein deutliches Anzeichen für diesen Schutzmechanismus.

Ihr Menschen löst ihn sehr oft aus, um ein zu intensives Empfinden Eurer negativen Emotionen zu vermeiden.

Dieser Schutzmechanismus funktioniert wie eine Mauer, durch die keine schlechten, Euch verletzenden Gefühle durchdringen können.

Unbewusst nehmt Ihr dabei aber in Kauf, dass Ihr alle Gefühle, damit auch die positiven

Emotionen, abschirmt. Genau, wie ich es in meiner Menschin erlebt habe.

Viel schöner ist für uns Glaubenssätze aber ein weiterer Aspekt Eures Nicht-Spüren-wollens: Wir Glaubenssätze sind damit noch sicherer vor Entdeckung.

Ihr verdrängt mit diesem Schutzmechanismus auch völlig Euren Willen, den Grund für Eure Emotionslosigkeit zu suchen und dadurch uns Glaubenssätze womöglich aufspüren zu können.

Ich finde das ganz schön lustig. **Das,was Euch nicht gut tut, beschützt Ihr auch noch.**
Ihr Menschen seid wirklich eine komische Spezies!!

An dieser Stelle kann ich einen gewissen Stolz schon wieder nicht unterdrücken. Wir Glaubenssätze sind so stark und mächtig.

Na ja, ihr Menschen macht es uns aber auch nicht schwer, Ihr seid einfach leicht zu manipulieren.

In Eurer Sprache gibt es dazu sogar eine Redewendung. Wie sagt Ihr dazu?

„Leichtes Spiel haben", nennt Ihr das doch, oder?!

Ich denke, ich kann für alle Glaubenssätze sprechen, wenn ich sage, dass wir Euch deshalb als Spielkameraden einfach spitze finden.

Trotzdem, im Unsichtbaren solche Leistungen und Beeinflussungen zu vollbringen, das soll uns erstmal jemand nachmachen!!
Wir können nicht an Euch ziehen, Euch nicht direkt ansprechen, Euch nicht an die Hand nehmen und in eine bestimmte Richtung führen.
Wir sind unsichtbar und arbeiten über das Gefühl, manchmal sind wir auch eine innere Stimme, die zu Euch spricht.

Wir sind richtige Könner auf unserem Gebiet, hochqualifiziert und sehr effektiv in unseren Ergebnissen.

Je mehr ich gerade darüber nachdenke, umso mehr macht sich Begeisterung in mir breit.
Ich könnte vor Stolz mal wieder platzen!!!

15) Persönlichkeitsentwicklung Teil 1

Aber wieder zurück zu meiner Menschin:

Leider lernte sie das Thema Persönlichkeitsentwicklung kennen.

Sie hörte auf einem Seminar, dass man in der Lage sei, sein Leben selbst in die Hand zu nehmen und mit irgendwelchen Techniken glücklich zu werden.

Meine Bedenken, sie könne womöglich mit solchen Informationen meine Glaubenssatz-Kraft brechen, erwies sich aber als unbegründet.

„Ich bin unwichtig", mein Großonkel, war viel zu stark in der Menschin verankert.

Durch sein Wirken bedingt, hörte sie sich die vorgestellten Techniken zwar an, aber schon beim Verlassen des Seminars zweifelte sie daran, Zeit für die Umsetzung zu finden.

Ihr Fokus lag viel zu sehr auf Anderen-helfen, wodurch für sie selbst kaum Zeit blieb.

Somit stellte sie die Möglichkeit, ihr eigenes Leben zu verbessern, wieder hinten an und fiel erneut zurück in ihren Funktionieren-Modus.

Die Siegerpose meines Großonkels nahm daraufhin die Form eines dahin stolzierenden Gockels an.

Es war schon peinlich, wie er sich aufspielte.

Er gab richtig an mit seinem Erfolg!

Diese erste richtige Herausforderung war auf jeden Fall für uns Glaubenssätze sehr positiv verlaufen und wir lebten zufrieden und noch mehr gestärkt in unserer Menschin weiter.

16) Persönlichkeitsentwicklung Teil 2
--> Transformation

Ein paar Jahre später kam erneut Gefahr für uns Glaubenssätze auf. Wieder drehte es sich um Seminare, um das eigene Leben selbst zu bestimmen. Die reine Neugier, mehr über sich selbst zu erfahren, trieb meine Menschin an und sie buchte dieses mal eine ganze Reihe von Seminartagen.

Inhalt der Seminarreihe war:
"Über das eigene Leben nachdenken und den Ist-Zustand bestimmen".

Natürlich völliger Blödsinn, aus der Sicht von uns Glaubenssätzen! Trotzdem gingen wir vorsichtshalber in Alarmbereitschaft.

Leider war es auch dringend notwendig, denn diesmal kam wirklich eine echte Gefahr auf uns Glaubenssätze zu!

Mein Großonkel **„Ich bin unwichtig"** mobilisierte sofort alle Kräfte, um uns zu schützen.
Aber - Vergeblich!
Zum ersten mal im Leben meiner Menschin wurden wir beim Namen genannt.

Unser effektives Agieren im Unterbewusstsein der Menschen wurde aufgedeckt.

Man sprach vom sogenannten **"Transformieren"**, als Lösung vieler Probleme.

Transformieren nicht förderlicher in förderliche Glaubenssätze wurde angekündigt.

Alleine schon das Wort **"Transformation"** klang in Glaubenssatz-Ohren sehr gefährlich.
Wir Glaubenssätze waren verunsichert, viele fühlten zum ersten mal richtige Angst.

"Transformieren" Keiner von uns konnte sich darunter etwas vorstellen. "Transpirieren" hatten wir schon mal gehört, aber das hatte etwas mit Schwitzen zu tun.

Vielleicht war Transformieren etwas ähnliches. Uns stand auf jeden Fall jetzt schon der Angstschweiß auf der Stirn.

Mein Großonkel **„Ich bin unwichtig"** zuckte nur noch ratlos mit den Schultern.

„Ich kann niemandem vertrauen", meine Hauptfreundin, setzte alle Hebel in Bewegung, um mit letzter Energie, die Menschin gegen die Seminarsprecher aufzuhetzen.

Mein Freund **„Ich werde immer enttäuscht"** versuchte auch sein Möglichstes, um Unheil von uns abzuhalten. Er sendete ununterbrochen das Gefühl des Zweifels aus.

Meine Hoffnung, dass die Menschin alles nur als Esoterik-Quatsch abtun würde, schwand leider sehr bald. Sie war neugierig geworden, saugte die, ihr bisher unbekannten Erkenntnisse auf, wie ein Schwamm.

Ich begann mir ernsthaft Sorgen um meine Vormachtstellung zu machen.

Genau wie meine anderen Glaubenssatz-Freunde war ich inzwischen total ratlos und wir fühlten uns zum ersten mal auch ziemlich machtlos. Das war ein schreckliches Gefühl!!

Über so viele Jahre hatten wir alle eine super Arbeit geleistet, jetzt sollten wir einfach **"transformiert"** werden.

Wir wussten immer noch nicht, was da auf uns zukommen würde. Es war womöglich ein geschöntes Wort für ausrangieren oder entsorgen.

Diese Befürchtung hatten wir mittlerweile. Existenzangst machte sich unter uns breit.

Viele sprachen vom Auswandern, zumindest umziehen in einen Menschen, in dem man "sicher" sei, weil er keine solchen, angeblich Lebens-verbessernden, Seminare besuchen würde!

Zurück zu diesem Seminar, das unsere Menschin besuchte. Hier wurde wirklich mit den unterschiedlichsten Tricks gearbeitet, um uns aufzudecken.

Man zapfte das Unterbewusstsein an, mit, in unseren Augen unschönen Methoden, wie z.B. Tiefenentspannung oder kinesiologischer Fragetechnik. Lauter neumodischer Unfug!

Ich wünschte mich inzwischen in die Zeit meines Urahnen zurück, der damals so sorglos gelebt hatte.

Viele meiner Glaubenssatz-Kollegen, die mir so machtvoll zu gearbeitet hatten, wurden aufgedeckt und einfach entsorgt.

Ich lebte nur noch in Trauer um meine Lieben. Von einem Tag auf den anderen, waren sie einfach verschwunden, als hätten sie sich aufgelöst. Niemand fand auch nur eine einzige Spur von ihnen. Es war wie verhext!

Ich zweifelte, ob mein eigener Schutz noch stark genug sein würde. Eins war uns klar, wenn man mich als Haupt-Glaubenssatz fand, wäre es um uns alle geschehen. Ganz ehrlich - die Angst hatte auch mich ergriffen!

Eine furchtbare Zeit hatte begonnen. Tagsüber versuchte ich meinen Schutz zu verstärken, während ich gleichzeitig meine verschwundenen Glaubenssatz-Freunde suchte.

Nachts plagten mich die schlimmsten Alpträume, regelrechte Horrorszenarien tauchten in meinen Träumen auf.

Ich beobachtete meine Menschin sehr genau, um rechtzeitig auf jede Veränderung reagieren zu können.

Sie währte sich auf dem richtigen Weg und begann sich auch noch glücklich zu fühlen.

Welch ein krasser Gegensatz zu mir!!

Meine Energie hatte bedenklich nachgelassen und daher fiel es mir auch immer schwerer, neue Glaubenssätze anzuziehen, die mich hätten unterstützen können.

Die große Gemeinschaft, die uns so stark gemacht hatte, war doch sehr klein geworden.

Leider wurden auch Glaubenssätze, die ich gerade erst angezogen hatte, sofort wieder aufgedeckt, bevor sie selbst an Stärke gewinnen konnten.

Man **transformierte** sie direkt und sie verschwanden, wie all die anderen vor ihnen.

Inzwischen hatte ich verstanden, was dabei mit ihnen passiert.

Nicht förderliche Glaubenssätze wurden in förderliche, für mehr Glücklichsein zuständige Glaubenssätze **transformiert**!

Wohin meine Freunde verschwanden, war mir aber immer noch nicht klar. Ich wusste nur, dass ich mit förderlichen Glaubenssätzen nichts anfangen konnte.

Sie boten mir keinen Schutz, im Gegenteil, sie schwächten nur meine restliche Energie. Meine Lebensaufgabe bestand zur Zeit nur noch in einer Art Tauziehen.

Ich zog neue nicht förderliche Glaubenssätze an, die mich unterstützen sollten.

Die Seminarleiter oder Coaches, wie sie sich nannten, zogen aber im Anschluss die neu eingezogenen Glaubenssätze direkt wieder aus meiner Menschin raus.

Mich, als Haupt- oder Meta-Glaubenssatz, der alles bestimmt, fanden diese sogenannten Lebensberater zum Glück nicht, meine Tarnung war noch perfekt.

Unruhig machte mich aber, dass meine Menschin immer tiefer und intensiver nach dem Auslöser ihrer Blockaden

»**also besonders nach mir**« suchte.

Sie war total angestachelt von diesen Coaches.

Inzwischen spürte sie nämlich, dass irgendetwas, tief in ihr, das Freisein, wie sie es nannte, blockierte.

17) Aufdeckung tiefliegender Glaubenssätze

Letztendlich nahm das Übel seinen Lauf, denn meine Menschin buchte ein Power-Seminar. Dort wurde intensivst gearbeitet, um uns, sogenannte tiefsitzende Glaubenssätze, aufzuspüren.
Ich muss leider sagen, das überstieg jetzt wirklich meine Kräfte.

Ich hatte mich von den vorangegangenen Strapazen noch nicht wirklich erholen können und fühlte mich sehr angeschlagen.
Nicht mehr in der Lage, mich umfassend zu schützen, musste ich miterleben, wie meine Tarnung aufgedeckt wurde. Da lag ich nun, sichtbar für alle, ein ehemals so gewichtiger Haupt-Glaubenssatz.

Jetzt zusammengeschrumpft zu einem Häufchen Elend, schutzlos seinem Schicksal ausgeliefert. Welch ein unrühmlicher Abstieg!
Ich musste zuhören, wie man meiner Menschin folgendes erklärte:
"*Wenn ihr Menschen die Glaubenssätze in Euch erkannt habt und auch verstanden habt, dass diese Euer Leben beeinflussen, es sogar lange Zeit bestimmt haben, dann wärt ihr Menschen*

ab diesem Zeitpunkt in der Lage, uns Glaubenssätzen die Zügel aus der Hand zu nehmen und von da an Euer Leben selbst zu bestimmen."

Da war nichts zu hören von einer Dankbarkeit, dass wir Glaubenssätze Euch so lange geleitet und geführt haben.

Ich fand es sehr traurig und war doch schwer enttäuscht, nach all den Jahren intensiver Arbeit und Kontrolle, die ich meiner Menschin zur Verfügung gestellt hatte, jetzt einfach so entsorgt zu werden.

18) Die letzte Hoffnung oder der schwache Mensch

Aber, halt, es gab noch ein paar Asse in meinem Ärmel >>Eure blumige Sprache muss ich einfach wieder kopieren<<:
Ich hatte noch drei Punkte, die mir wieder Hoffnung gaben und die sicher das Schlimmste verhindern konnten:

1) Die Gewohnheit:

Meine Menschin hatte jahrzehntelang durch mich geprägt gelebt, sie würde gewiss wieder in diese alte Gewohnheit zurückfallen.

Die Selbstbestimmung war für sie doch so ungewohnt, dass es ihr sicher Angst machen würde. Veränderungen schaffen doch immer Unsicherheit bei euch Menschen.

2) Fehlende Selbstverantwortung:

Ich hatte in meinem Leben so oft gesehen, dass ihr Menschen glaubt, dass Eure Probleme von anderen verursacht werden. Ihr seid deshalb auch der Meinung, dass diese Probleme auch von anderen wieder gelöst werden müssten.

Genauso wenig, wie Ihr glaubt, für Eure Blockaden selbst verantwortlich zu sein, sie also selbst verursacht zu haben, genauso wenig geht Ihr davon aus, dass Ihr die Blockaden selbst lösen könnt.

Also handelt Ihr nicht selbst, sondern hofft nur auf andere.

3) Ein Seminarbesuch genügt:

Ich kannte diese weit verbreitete Meinung bei euch Menschen nur zu gut.

Der Mensch geht auf ein Seminar, hört sich alles an, löst einige seiner Probleme, geht nach Hause und denkt, alles ist erledigt.

Aber, oh Schreck (der Glaubenssatz sagt: zum Glück), nach einer Weile ist alles wieder beim Alten.

Ihr arbeitet nur kurz an Eurer Veränderung und denkt, dass damit alles getan ist.

Ihr erkennt nicht, dass Ihr aktiv bleiben dürft, um nicht wieder zurück zu fallen. Ihr könnt nämlich die Wirkung eines Glaubenssatzes kurzfristig schwächen, aber, wenn Ihr aufhört, das Gelernte weiter anzuwenden, gewinnt ein Glaubenssatz seine alte Kraft zurück.

Die Hoffnung, dass bestimmt mindestens einer dieser Punkte eintreten würde, verhalf mir zu neuer Stärke.

Also versuchte ich, die Glaubenssätze der Familien **„Es wurde mir so anerzogen"**, **„Ich erlaube mir nicht die Süße des Lebens"** und **„Ich bin hilflos"** anzuziehen.

Das müsste doch reichen, um meine Menschin wieder in ihre alten Verhaltensmuster zu versetzen.

Alle Energiereserven, die ich noch hatte, mobilisierte ich und machte gute Miene zum bösen Spiel »wieder so eine schöne Ausdrucksweise von euch Menschen«.

Ich tat so, als wäre alles völlig in Ordnung, um die gewünschten Familien richtig stark anzuziehen.

Ich war mir bewusst, sollten sie spüren, dass in

meiner Menschin die Gefahr bestand, sofort transformiert zu werden, so würden sie ganz bestimmt einen riesigen Bogen um uns machen.

Es fiel mir auch noch die Familie **„Wenn ich viel arbeite, kann ich mir mehr leisten und bin dadurch wertvoll und anerkannt"** ein.

Wenn ich diese Glaubenssatz-Familie zum Einzug in meine Menschin einladen könnte, würde sie ganz sicher wieder in ihr normales Funktionieren zurückfallen und ich könnte mich in aller Ruhe regenerieren.

Ich war mir aber im Klaren darüber, dass dies nur eine absolute Notlösung sein durfte.

Diese Familie war nämlich für ihre, doch sehr gravierenden Nebenwirkungen bekannt.

Viele von euch Menschen sind durch diese Glaubenssatz-Familie schon richtig krank geworden.

Durch diesen Glaubenssatz geprägte Menschen arbeiten länger und intensiver als andere, um das erhoffte Glücklichsein zu bekommen.

Sie suchen ständig in ihrem Umfeld nach Bestätigung, Anerkennung und Wertschätzung für ihre geleistete Arbeit.

Sie definieren sich nur über ihre Taten und sehen sich selbst nicht als den Menschen an, den sie mit all seinen Ecken und Kanten, lieben dürfen.

Durch ihr vieles Arbeiten und indem sie sich für Andere aufopfern, sehen diese Menschen eine Möglichkeit, ein gutes Gefühl zu bekommen.

Da dieser Weg aber nur bedingt und für kurze Zeit funktioniert, führt er oft nur zu stärkerer Kraftlosigkeit und Enttäuschung. Wie ihr wisst, haben Depressionen bei euch Menschen stark zugenommen.

Auch Burnout tritt vermehrt bei denjenigen auf, die glauben, immer mehr leisten und noch besser funktionieren zu müssen.

All das wird hervorgerufen durch das Wirken dieser einflussreichen Glaubenssatz-Familie **„Wenn ich viel arbeite, kann ich mir mehr leisten und bin dadurch wertvoll und anerkannt"**.

Lange dachte ich darüber nach, ob ich diese gefährliche Familie einladen sollte, denn wenn sie zu stark werden würde, wäre das einfache wieder wegschicken so gut wie unmöglich.

Ich konnte eine Beeinflussung meiner Menschin durch diese radikale Familie letztendlich doch nicht mit meinem Gewissen vereinbaren, denn irgendwie war mir die Menschin zu sehr ans Herz gewachsen.

Nur gleich zur Klarstellung: Das hatte bei mir nichts mit Schwäche zu tun!

Auch wenn ihr Menschen es nicht glaubt, selbst ein nicht förderlicher Glaubenssatz hat seine ethische Seite.

Ich dachte also weiter über die verschiedensten Möglichkeiten meiner Rettung nach.

Leider wurde ich dann doch noch vollständig entkräftet, bevor ich meine Sicherheit und Stärke wieder ausbauen konnte.

19) Armee der förderlichen Glaubenssätze --> mein Ende

Tja, meine Menschin war leider inzwischen viel zu stark geworden. Sie umgab sich jetzt immer mehr mit förderlichen Glaubenssätzen.

Diese schlugen mit ihrer freundlichen, liebevollen Energie alle nicht förderlichen Glaubenssätze, die ich mit so viel Mühe angezogen hatte, in die Flucht. Diejenigen, die nicht schnell genug auszogen, konnten spüren, wie ihre Energie stetig abnahm. Sie wurden dann am Ende von den „Förderlichen" einfach entsorgt.

Ihren, früher so guten, Ruf, als sicherer

Wohnort für nicht förderliche Glaubenssätze, hatte die Menschin inzwischen total verloren.

Ihr Ausstrahlen von positiver Energie sprach sich unter den Glaubenssätzen herum wie ein Lauffeuer.

Wirklich alle nicht förderlichen Glaubenssätze schwebten jetzt mit einem riesigen Sicherheitsabstand an meiner Menschin vorbei.

Noch schlimmer war es aber, dass die letzten nicht förderlichen Glaubenssätze, die bis jetzt noch in ihr überlebt hatten und weiterhin tapfer die Stellung hielten, von den vorbei schwebenden Glaubenssätzen auch noch bemitleidet wurden.

Um mich herum hörte ich zum Schluss nur noch die förderlichen Glaubenssätze fröhlich ihre Namen singen.

Überall tönte es: **„Ich bin wertvoll"**,
„Ich bin eine Bereicherung",
„Ich bin liebenswert", ja sogar
„Ich liebe mich". Als ich am Ende noch den förderlichen Glaubenssatz **„Ich als Frau, verdiene es, geliebt zu werden"** kennenlernen

musste, war mir klar, was transformieren bedeutet.

Man hatte die letzten Vertreter meiner Ur-Familie **„Männer sind mehr wert als Frauen"** transformiert in deren Gegenspieler, in die förderlichen Glaubenssätze **„Ich als Frau, verdiene es, geliebt zu werden"**.

Das war nun wirklich genug!
In dieser Welt wollte ich nicht mehr sein, so machte das Leben für mich keinen Sinn mehr. Was für ein trauriges Ende meiner einst so prachtvollen Familie.

Transformieren empfand ich wirklich als das Schlimmste, was man einem Glaubenssatz antun kann. Wäre ich einfach aus meinem Menschen vertrieben worden, so hätte ich das schon als sehr verletzend empfunden.

Aber noch mitansehen zu müssen, dass der persönliche Gegenspieler jetzt meinen Platz bekam und mit Stärke und auch noch mit liebevoller Energie zu wirken begann, war wirklich mehr, als ich ertragen konnte.

Ich begann mich aufzulösen.

Leider nicht schnell genug, denn:

Das Allerschlimmste, was ich noch mitbekam, war, dass meine Menschin beschlossen hatte, zukünftig von mir und meinen Freunden zu erzählen.

Sie hat damit ganz offiziell allen nicht förderlichen Glaubenssätzen die Aufdeckung angesagt, eigentlich sogar angedroht.

Das bedeutete, dass dadurch viele von uns nicht förderlichen Glaubenssätzen auch in anderen Menschen ihre Kraft verlieren würden.

20) Nachruf

Ich konnte jetzt nur noch eines tun, ich begann meinen Nachruf zu verfassen. Dies sollten meine letzten Worte sein:

"Ich wünsche mir, im Namen aller nicht förderlichen Glaubenssatz-Kollegen, die zukünftig arbeitslos werden, einfach verschwinden oder schon der Transformation zum Opfer gefallen sind, dass ihr Menschen unseren unermüdlichen Einsatz für Euch nicht vergesst.

Verabschiedet uns nicht mit ***Groll oder Wut****, sondern in* ***Liebe und Dankbarkeit*** *für alles, was Ihr durch uns gelernt habt und wodurch Ihr jetzt zu neuen glücklichen Menschen werden könnt.*

Behaltet uns als fast unüberwindbare Mauer in Erinnerung, die Ihr erklommen habt, um dahinter das Glück zu finden.

Seht uns als Aufgabe, die es zu lösen galt. Wenn Ihr das könnt, bin ich stolz, Euer nicht förderlicher Glaubenssatz gewesen zu sein."

21) Mein zweites Leben

Ich dachte, das wäre mein sicheres Ende.
Ich war bereit zu gehen, wo auch immer diese Transformation mich hinführen würde.

Ich durchlebte das Kräfteschwinden, formulierte meine Abschiedsgedanken und übergab mich dem Selbstmitleid und der tiefen Traurigkeit.

In diesem kraftlosen Schwebezustand bemerkte ich auf einmal etwas Fremdes in mir. Ich begann mich mit letzter Kraft darauf zu konzentrieren. Es fühlte sich an wie ein Aufflackern eines warmen Kerzenlichtes. Ein kleines, winziges Gefühl von Wärme, die sich mehr und mehr in mir ausbreitete.

Völlig irritiert beobachtete ich diese Veränderung. Woher kam diese wohlige Wärme?

Ich war doch transformiert, also meiner Kräfte beraubt, energielos, also gestorben.

Fühlte sich so etwa der Glaubenssatz-Himmel an? Kamen nicht förderliche Glaubenssätze überhaupt in einen Himmel?

Meine Gedanken fuhren Karussell, mir wurde total schwindelig.

Plötzlich kam mir der Gedanke: Vielleicht hatte ich das Transformiert-Werden nicht richtig verstanden.

Ich dachte zurück an meine Beobachtungen, zum Zeitpunkt, als ich transformiert wurde.

Meine Energie **„Ich bin wertlos"** war im gleichen Maß schwächer geworden, wie die Energien der förderlichen Glaubenssätze **„Ich als Frau, verdiene es, geliebt zu werden"** und von **„Ich bin wertvoll"** zugenommen hatten.

Irgendwie waren mir diese Glaubenssätze auch vertraut vorgekommen, wie ein umgekehrtes Spiegelbild, wie ein genaues Gegenteil von mir.

Komisch.

Je mehr ich jetzt darüber nachdachte, umso mehr wurde mir bewusst, dass durch mein „Sterben" die „Geburt" der anderen Glaubenssätze erst möglich geworden war.

Wurde ich vielleicht umgewandelt in mein genaues Gegenteil?

Lebte ich doch noch weiter, als Gegenpol, als förderliche Neugeburt?

Diese Idee begann mir zu gefallen.

War es wirklich möglich?

Wir nicht förderlichen Glaubenssätze, die euch Menschen so lange als Lernaufgabe dienen konnten, bekamen vielleicht eine richtige Belohnung?

Durften wir nach einer Transformation, in euch Menschen als förderliche Glaubenssätze weiter wirken?!

Bei diesem Gedanken schnellte meine Energie rasant nach oben.

Ich erkannte nun deutlich: Ich war jetzt dieser förderliche Glaubenssatz **„Ich als Frau, verdiene es, geliebt zu werden"** und ich lebte auch als die moderne Form **„Ich bin wertvoll"** weiter.

Hmm, wahrscheinlich habe ich es vor der **Transformation** auf Grund meiner schwindenden Energie nur nicht begreifen können. Ich jubelte ausgelassen mit neuer Kraft in meiner Menschin, dieses Kribbeln hat sie sicher gespürt.

22) Neue alte Freunde
--> Die Wiedersehensfreude

Gleich begann ich die anderen förderlichen Glaubenssätze genauer zu betrachten und erkannte in ihnen meine alten Freunde und Verwandten wieder, jetzt in ihrem „neuen Gewand".

Ich erzählte ihnen sofort von meiner Erkenntnis, denn noch waren sie genauso durcheinander, wie ich es auch vorher war.

Nach kurzer Zeit waren sie dann aber auch alle genauso begeistert wie ich. Niemand von uns hätte gedacht, dass man als Glaubenssatz soo breit grinsen kann!!

Doch nicht nur unsere Freude strahlte aus uns heraus, durch die Transformation wirkten wir insgesamt viel strahlender und freundlicher.

Ein bisschen irritiert waren wir aber von diesen zwei Gebilden, die auf unserem Rücken gewachsen waren.

Keiner wusste, wozu diese wackelnden Teile gut sein sollten.

Sich darüber aber weitere Gedanken zu machen, ging in der großen Wiedersehensfreude unter, die uns allen ein riesiges Glücksgefühl gab.

Wie sagt ihr Menschen? »Es war wie Weihnachten, Ostern und Silvester zusammen!«

Während diese Freude nur so aus mir raus sprudelte, wurde mir auch klar, warum ihr Menschen so sehr nach diesem Gefühl sucht.

Es ist ein richtig geiles Gefühl!!!
Jetzt musste ich einfach dieses Wort nehmen.

In diesem Riesenfreude-Zustand fiel mir auch mein ganz besonderes Energiesprudel-Wort wieder ein:

»Heyhoo-yippie-yeeeeh ---
Heyhoo-yippie-yeeeeh !!!!!«

Das hatte ich früher bei meiner Menschin gehört, wenn sie einmal ausgelassen und fröhlich war. Obwohl ich es nur selten zu Hören bekam, war es für mich ein richtig tolles Freude-Wort geworden.

Dieses Wort haben wir neu geborenen Glaubenssätze bei unserer Wiedersehensparty ganz laut gesungen und dabei ausgelassen wie Kinder getanzt. Was für ein Spaß!!!!

»Heyhoo-yippie-yeeeeh ---
Heyhoo-yippie-yeeeeh !!!!!«

23) Die neue Lebensaufgabe

Jetzt wurde mir auch meine neue Aufgabe bei der Menschin klar. Ich durfte mich mit ganz viel Energie aufladen und mich dann so oft wie möglich in ihr bemerkbar machen.

Ich übte sofort einmal dieses "Bemerkbar Machen" und begann zu hüpfen wie ein Ball. Hüpf und lach, hüpf und lach!!

Freude und Spass aussenden!

Ein Gefühl von Sprungfedern unter den Füßen, boing-boing.

Anders, als in meinem früheren Leben durfte sie mich jetzt ganz bewusst bemerken, je öfter, desto besser.

Als **„Ich als Frau, verdiene es, geliebt zu werden"** schickte ich ihr so viele positive Impulse, dass sie schnell anfing, ihr gesamtes Leben schön zu finden, ja sie begann es sogar zu lieben.

Sie betrachtete auch ihre Umgebung jetzt ganz anders, als hätte sie eine neue Brille auf.

Dafür habt ihr Menschen doch auch ein Sprichwort:
»Durch die rosarote Brille schauen.«

So war das bei unserer Menschin, ihr gesamtes Leben schien schöner zu sein.

Als ob wir Glaubenssätze bunte Luftballons in ihr verteilt hätten.

In meinem alten Leben als **„Ich bin wertlos"** lebte ich immer in der Angst bemerkt zu werden, meine Impulse durfte ich nur ganz vorsichtig senden.

Jetzt als **„Ich bin wertvoll"** durfte ich richtig laut werden, sie anschubsen, sie zum Lachen bringen.

»Heyhoo-yippie-yeeeeh ---
Heyhoo-yippie-yeeeeh !!!!!«

Welch leichte Aufgabe, kein Vergleich zu früher.

Ich sah meinen alten Kollegen an, dass auch sie ihre neue Aufgabe verstanden hatten.

Wir tanzten, sangen und lachten bis uns Freudentränen über die Wangen liefen.

»Heyhoo-yippie-yeeeeh ---
Heyhoo-yippie-yeeeeh !!!!!«

Als uns durch das Tanzen warm geworden war, wusste ich auch, wofür wir diese Teile auf unserem Rücken verwenden konnten.

Sie waren als kühlende Fächer prima einsetzbar!

Während ich meinen Freunden mit meinen Fächern richtig stark frische Luft zuwedelte, bemerkte ich auf einmal, dass ich zu fliegen begann. Wie genial!!

Diese Fächer waren in Wirklichkeit Flügel!!
Wir alle probierten sofort das Fliegen aus und unser Spaß wurde damit noch viel größer.

Wir waren wirklich im Glaubenssatz-Paradies gelandet. Unsere einzige Aufgabe bestand darin, die Menschin mitzureißen, damit sie auch Freude und Glück spüren konnte.

Wir probierten es immer wieder aus: Energie hochfahren, lustiges Flügelschlagen und dabei fröhlich unseren jeweiligen Glaubenssatz-Spruch trällern, am besten alle gleichzeitig.

Es entstanden immer richtige Glück-versprühende Energiewellen, die so kraftvoll waren, dass sie unsere Menschin sofort mitrissen.

»Heyhoo-yippie-yeeeeh ---
Heyhoo-yippie-yeeeeh !!!!!«

24) Verschiedene Arten der Transformation

Bei all der neuen Lebensfreude, die ich zusammen mit den anderen, neugeborenen förderlichen Glaubenssätze verspürte, wollte ich doch irgendwann Konkretes über das Transformieren erfahren.

Ich lud deshalb alle Glaubenssätze zu einer Besprechung ein und bat sie, über ihre persönlichen Erlebnisse beim **Transformieren** zu berichten. Meine Annahme, dass jeder seine **Transformation** unterschiedlich wahrgenommen hatte, sollte sich bewahrheiten.

Als erste meldete sich meine Tante, ehemals **„Ich bin schuldig"** zu Wort. Sie erzählte, dass unsere Menschin bei einem Coach gewesen wäre, der sie irgendwie entspannt oder müde gemacht hätte.

Meine Tante beschrieb weiter, dass in diesem Zustand die Menschin auf einmal in der Lage gewesen wäre, ganz weit zurück in ihre eigene Vergangenheit zu schauen. So konnte sie sich an eine Situation erinnern, in der sie der irrigen Annahme war, einen ganz großen Fehler begangen zu haben.

Der Coach erklärte ihr im Anschluss, dass dieser damalige Fehler oder nur der Gedanke daran, der Auslöser sei für ein Schuldgefühl, das bis in die Gegenwart angehalten hatte.

Meine Tante bemerkte weiterhin, dass der Coach in einem längeren Gespräch nur das Gefühl des "Schuldig-Seins" an dieser damaligen Situation herausgenommen hätte und dass daraufhin die Menschin viel glücklicher geworden sei.

Sie selbst sei im Verlauf dieses Coachings einfach umbenannt worden von **„Ich bin schuldig"** in **„Ich bin frei"**. Die Änderung ihres Namens wäre ganz reibungslos verlaufen, nur während des Wachsens ihrer Flügel, hätte sie ein deutliches Zwicken am Rücken gespürt.

Als nächster berichtete mein Cousin, der früher **„Ich werde nicht geliebt"** hieß, von seiner Erfahrung bei der **Transformation**. Er sagte, bei ihm wäre alles viel schneller gegangen.

Die Menschin sei bei einer Frau gewesen, die sich auch Coach nannte. Diese Frau hätte gefragt, ob sich die Menschin ein Bild von einer Situation vorstellen könne, in der sie sich nicht geliebt gefühlt hätte. Da der Menschin viele solcher Situationen einfielen, dauerte es eine Zeitlang, bis sie sich für ein Beispiel entschieden hatte.

Aus dem Unterbewusstsein hatte der Cousin nämlich viele Impulse gesendet, indem er die unterschiedlichsten Bilder zu seinem Thema **„Ich werde nicht geliebt"** aus der Bildersammlung präsentierte.

Das letztendlich gewählte Bild wäre sehr aussagekräftig gewesen! Es zeigte die Menschin mit traurig gesenktem Blick. Um sie herum, in deutlichem Abstand, standen andere Menschen, die sich fröhlich zu unterhalten schienen.
Ihre Gesten signalisierten deutliche Ablehnung gegenüber der Menschin.

Beim Erinnern an dieses Bild, das mein Cousin auch gleich in der ersten Reihe präsentierte, hätte die Menschin genau die gleiche Traurigkeit des "Nicht-Geliebt-Werdens" gespürt, wie damals. Nur durch dieses Erinnern wäre ihr Kopf nach unten gesunken, fügte mein Cousin an.

Er konnte in diesem Moment seinen Stolz, auf das, was er in der Menschin bewirken konnte, nicht unterdrücken, erzählte er weiter. Strahlend schaute er uns alle an und fuhr dann fort: Es begann die **Transformation**.

Die Coachin bat die Menschin, sich jetzt ein zweites Bild vorzustellen, auf dem sie sich total geliebt sehen könne.

Der Cousin war der festen Meinung, dass dies unmöglich sei. Doch dann sah er ein winzig kleines Bild, das die Menschin zeigte, liebevoll umarmt von einem Mann. Sie wirkte auf diesem Bild total glücklich und stark.

Es war aber nur ein ganz kleines Bild, ziemlich unscharf und verschwommen, ohne schöne Farben, so dachte mein Cousin.

Dann hätte die Coachin dazu aufgefordert, in Gedanken das kleine Bild immer größer und im Gegenzug das "Nicht-Geliebt-Werden-Bild" immer kleiner werden zu lassen.

Mein Cousin fühlte sich noch nicht beunruhigt, er war sich sicher, dass es der Menschin sehr schwer fallen würde, sich so etwas vorzustellen.

Die Coachin gab ihr aber zusätzliche,

gedankliche Hilfsmittel, mit denen sie die Bildgröße leicht ändern könne.

An eines der Beispiele erinnerte sich mein Cousin noch genau: Das kleine Bild mit einer Luftpumpe vergrößern und dann mit einem kleinen Nagel aus dem großen Bild die Luft rauslassen, damit es schrumpft.

Der Cousin war sich aber zu diesem Zeitpunkt immer noch sicher, dass er der Menschin deutlich signalisieren könnte, dass dieses Vorgehen absoluter, nicht funktionierender Unsinn sei.

Auf einmal ging es los, die Bildgrößen begannen sich zu verändern.

Eine Beeinflussung durch meinen Cousin schien jetzt wirkungslos zu sein. Er musste miterleben, dass es der Menschin immer leichter fiel, die Bilder zu verändern.

Die Coachin unterstützte sie dabei mit aufmunternden Worten.

Irgendwann hatte mein Cousin das Gefühl, in das Lieblos-Bild hineingezogen zu werden.

Er bemerkte, dass er jetzt, genau wie das Bild, immer kleiner und farbloser wurde. Seine Kräfte begannen zu schwinden.

Als er immer mehr in sich zusammenfiel, so erzählte er uns, spürte er plötzlich so etwas wie einen Stromschlag. Danach sah er sich in dem Liebevoll-Bild. Hier wuchs er dann wieder zu voller Größe und strahlte dann mit neuer, immer stärkerer Energie.

Als er sich noch über diese Veränderung wunderte, bekam er plötzlich einen Impuls. Eine innere Stimme sprach ganz deutlich: **„Ich werde geliebt"** und er erkannte darin seinen neuen Familiennamen .

Das sofort auftretende Glücksgefühl habe ihn

so umgehauen, dass er als starker Glaubenssatz erst einmal vor Freude richtig weinen musste.

Hier beendete mein Cousin den Bericht über sein lebensveränderndes Erlebnis. Er hatte wieder Tränen in den Augen.

Nach einem kurzen Moment begannen wir alle zu klatschen und sprangen auf, um den Cousin innig zu umarmen. Es war eine richtige Liebesschwingung zu spüren zwischen uns Glaubenssätzen.

Als wir uns wieder beruhigt hatten und wieder auf unseren Plätzen saßen, stand mein Freund, der früher **„Ich werde nicht wertgeschätzt"** hieß, auf und ging nach vorne.

Er erzählte uns von seinem Erlebnis,
das ähnlich gewesen sei.
Bei ihm sollte die Menschin das Negativbild in Gedanken auf eine Glasscheibe malen. Dieses Bild durfte sie dann im Anschluss in tausend Scherben kaputt schlagen. Dahinter hätte sich ein positives Bild mit ganz viel bunter Farbe gezeigt.

Er selbst sei beim Bild-Zerschlagen einfach in

das neue Bild gefallen. Es hätte sich aber gar nicht an den Scherben geschnitten und sei wie in Watte gefallen.

Wieder zeigten wir Zuhörer unsere Begeisterung und unsere Freude über dieses schöne Ergebnis mit lautem Applaus.

Eine sehr alte Glaubenssatz-Dame rief im Anschluss, bei ihr hätte der Coach seine Transformationstechnik „Pralinee-Methode" genannt.

Das hätte sie sich leicht behalten können, weil sie Schokolade so gerne essen würde. Sie begann mit emotionaler Stimme von ihrer Transformation-Erfahrung zu erzählen:

„Ich traue mich nicht auf Menschen zuzugehen" sei ihr Familienname gewesen.

Auch bei ihr hätte der Coach mit zwei Bildern gearbeitet. Das vordere Bild zeigte die Menschin, wie sie ängstlich vor einer großen Gruppe abweisend schauender Menschen steht.

In der Mitte dieses Bildes sei eine Stelle gewesen, die geöffnet und geschlossen werden konnte. Sie funktionierte wie die Linse eines Objektivs.

Das Bild dahinter zeigte einen Tisch mit mehreren Torten und ganz vielen Schokoladenpralinen.
Dieses Bild hätten Coach und Menschin sich ausgedacht, weil es ein Bild sein sollte, von etwas, das die Menschin gern hätte oder das sie sehr gerne erreichen würde.

Ein Traum-Zielbild, ein super-positiv Bild.

Immer wieder sollte die Menschin jetzt gedanklich die Linse im Negativbild ein klein bisschen öffnen, um dahinter die tollen Sachen des zweiten Bildes zu sehen.

Die alte Glaubenssatz-Dame wusste genau, wie sehr die Menschin Süßigkeiten mochte. Sie hätte deshalb versucht, so gut sie es mit ihren schwindenen Kräften noch konnte, die Linse immer wieder schnell zu verschließen.

Doch durch jeden weiteren Blick auf die Süßigkeiten steigerten sich die positiven Gefühle der Menschin und das vordere Bild verlor dabei immer mehr seine negative Kraft.

Die Menschin hätte sich immer stärker auf das hintere, positive Bild fokussiert.

Der alten Glaubenssatz-Dame fiel es deshalb zunehmend schwerer, das Loch wieder zu schließen. Irgendwann musste sie aufgeben.

Die Linse hätte sich daraufhin so weit geöffnet, dass das vordere Bild nur noch am Rand zu sehen war und die Dame fiel durch das Loch in das Schokoladen-Torten-Bild.

Die alte Dame beendete ihre Erzählung und erklärte uns, dass sie ihre Aufgabe, die Menschin in der Angst-Emotion zu halten, leider nicht mehr geschafft hätte.

Mit einem lustigen Lächeln im Gesicht ergänzte sie, dass sie ihr neues Leben zwischen Torten und Schokolade aber gar nicht so schlecht fände.
Sie kicherte glücklich und meinte zum Schluss, etwas mehr Speck hätte sie jetzt schon auf ihren Hüften.

Das wäre aber gar nicht schlimm, weil sie jetzt in ihrem ganz persönlichen Glaubenssatz-Paradies leben würde.

Bei der Versammlung wurde noch über viele weitere Erfahrungsberichte von sehr unterschiedlichen Transformationen berichtet.

Wir kamen einstimmig zu dem Schluss, dass es ein ganz tolles Erlebnis in unserem Leben als Glaubenssatz gewesen sei. Alle waren wir mit dieser völligen Wandlung unseres Lebens und den ganz neuen Aufgaben in der Menschin richtig zufrieden.

25) Die Veränderung

Man konnte ganz deutlich erkennen, wie gut wir Glaubenssätze unseren neuen Job schon erledigten.

Der Gesichtsausdruck der Menschin veränderte sich jetzt oft zu einem Lächeln und auch ihre Körperhaltung wirkte ganz anders.

Aus einer in sich zusammengesunkenen, energielosen Frau war eine kraftvoll aufgerichtete Powerfrau geworden.

Welch eine Veränderung!!!

Ihre neugeborene Glaubenssatz-Truppe hatte richtig Spaß daran, sie zu beobachten.

So leicht war es also, als förderlicher Glaubenssatz zu wirken!

Kein Vergleich zu unserer früheren Arbeit als nicht förderliche Glaubenssätze, die von Schwere geprägt war.

Kein kräftezehrendes Runterziehen der Menschen in **energiearme Emotionen** der

Freudlosigkeit, Trauer, Schuldgefühlen, Ohnmacht oder Angst.

Diese **energiearmen Zustände**, die wir nicht förderlichen Glaubenssätze bei euch Menschen bewirkten, gehörten nun der Vergangenheit an.

Wirklich krass, dass jetzt ein Wirken in Leichtigkeit, ein begeisterndes Aufbauen der Menschen, ein Freude bringen, ein Glücksgefühl schenken, diesen Platz eingenommen hatten.

Das war doch keine Arbeit mehr, das war **pure Lebensfreude** für uns, die durch **Transformation** entstandenen, förderlichen Glaubenssätze.

26) Und wieder: Das Ende und der Weckruf --> Aufruf zum Handeln

Als Ende meiner Memoiren möchte ich, euch Menschen, noch Folgendes mit auf den Weg geben:

Also erstmal, diese Transformation ist für uns Glaubenssätze eine gigantische Erfahrung!!!

Vom **Schwerarbeiter** zum **Lebenskünstler**!

Jeder Mensch, der dieses Transformieren seiner Glaubenssätze durchführt, kann sich unseres Lobes und Dankes sicher sein.

Eine Bitte haben wir neuen förderlichen Glaubenssätze aber noch an euch Menschen:

Bitte erzählt von uns!

Erzählt von unseren Wirkungen und Aufgaben in euch Menschen, von den Impulsen der förderlichen und auch der nicht förderlichen Glaubenssätze, die Euer Leben beeinflussen.

Je mehr von euch Menschen uns, nicht förderliche Glaubenssätze, wahrnehmen (als **unterschiedlichste Blockaden, Schuldgefühle und Ängste**, einfach in jeder Art von **Nicht-Glücklich-Sein**), desto mehr von Euch werden in der Lage sein, eine **Transformation** zu durchleben.

Viele von Euch könnten ihr schönstes Ziel erreichen, zukünftig ein beschwingtes Leben, mit viel Liebe und Spaß, zu führen.

Und stellt Euch doch nur einmal vor, Ihr, als einzelner Mensch werdet glücklicher, was denkt Ihr wohl, strahlt Ihr daraufhin in Eurer Umgebung aus?

Freude, Glück und auch Liebe werden nur so aus Euch raus sprudeln!
Viele andere Menschen werden dies bemerken und es Euch nachmachen wollen.
Die Negativdenker werden vor Euch zurückweichen und damit den Weg freimachen, für Menschen, die auch eine positive Einstellung zum Leben und zu sich selbst haben möchten.

Ihr glaubt mir nicht?
Dann erzähle ich Euch doch noch, wie es mit meiner Menschin nach diesen ganzen Transformationen weiterging.

27) Mein Leben nach der Transformation
--> Die Ausstrahlung

Ich, als Haupt-Glaubenssatz **„Ich bin wertvoll"** und **„Ich als Frau, verdiene es, geliebt zu werden"** hatte in unserer Menschin weiterhin meine Vormachtstellung.

Ich war nur noch gut drauf und versprühte positive Energie ohne Unterbrechung. Ich entwickelte die Überzeugung, dass mir alles gelingt, was ich erreichen wollte. Diese Einstellung strahlte ich ganz intensiv aus.

Das wiederum spürte meine Menschin und sie reagierte entsprechend. Sie legte ihre frühere Zurückhaltung und Ängstlichkeit gegenüber anderen immer mehr ab.

Sie traute sich jetzt, offenen Herzens auf andere Menschen zuzugehen.

Mit Staunen registrierte sie, dass ihre neu gewonnene, Freude ausstrahlende Haltung in Form positiver Reaktionen der anderen Menschen, zu ihr zurückkam.

Sie wurde von Bekannten angesprochen und gefragt, was passiert wäre, sie würde so eine richtige Fröhlichkeit ausstrahlen?!!

Mit Erstaunen stellte sie auch immer wieder fest, dass jetzt auch viel mehr herzliche Menschen auf sie zukamen.

Manchmal saß sie einfach nur da und verglich ihr neues Leben mit dem früheren, als ihr alles so schwer fiel und Freude so selten ein Bestandteil des Tages war.

Wie oft musste ich, als glücklicher, entspannter Glaubenssatz dann schmunzeln, weil sie sich am

Schluss ruckartig aufrichtete und ihr Gesicht dabei richtig strahlte. Manchmal stand sie auch auf, schaltete Musik ein und begann zu tanzen.

OK, ich arbeite heute immer noch daran, dass sie sich das Tanzen auch traut, wenn sie unter anderen Menschen und nicht alleine ist.

Aber das ist bei euch Menschen auch ein behindernder Glaubenssatz: **„Wenn ich mich nicht so benehme, wie alle anderen, bin ich nicht normal"**.

Ich muss mal recherchieren, wo überall diese Glaubenssatz-Familie wohnt, vielleicht finde ich ja einige von ihnen, dann werde ich sie zum **Transformieren** einladen.

Das in unserer Menschin wohnende Mitglied dieser Familie hatte sich, leider erst auf leichten Druck der förderlichen Glaubenssätze, auch zum **Transformieren** angemeldet.

Ein paar Tage später begegnete mir dieser Glaubenssatz wieder. Er trug ein Clown-Kostüm und amüsierte sich sichtlich über meinen erstaunten Blick.

Das Ergebnis der **Transformationen** begeisterte mich wirklich immer wieder und ich freute mich richtig auf die Verwandlung meiner Menschin.

Ich überlegte mir bereits die passenden Impulse, um sie zum Buchen eines Tanzkurses zu bewegen.

Rock'n'Roll fand ich toll.

Es sollte auf jeden Fall ein Tanzstil sein, der Leichtigkeit und Lebensfreude ausstrahlt.

Ich war gespannt, ob sie meine Impulse richtig deuten würde, um den passenden Kurs zu buchen.

Nein! Ich war mir sicher: Sie würde es tun!

Wusste ich doch, dass mir alles gelingt, was ich in meiner Menschin erreichen wollte.

28) Was wäre, wenn? ... aber: Zweifel --> die neue Herausforderung

Stellt Euch einmal vor, Ihr würdet alle Eure Vorlieben, Eure Fähigkeiten, ja sogar Eure Berufung leben.

Stellt Euch vor, Ihr würdet einfach nur alle Impulse umsetzen, die Ihr von Euren förderlichen Glaubenssätzen bekommt.

Welche Freude, welche positive Energie würde sich insgesamt verbreiten, in Euren Familien, unter den Menschen, die Euch umgeben und dann irgendwann auch auf der ganzen Welt!!

Eine Schwierigkeit bei euch Menschen gab und gibt es aber immer noch, das haben wir bei der jährlich stattfindenden Versammlung der Haupt-Glaubenssatz-Familien herausgefunden.

Ein behinderndes Thema von euch Menschen zeigte sich nämlich bei der Auswertung einer Statistik.

Wir hatten diese in Auftrag gegeben, um die Wirksamkeit der förderlichen und nicht förderlichen Impulse von Glaubenssätzen zu erforschen.

Das Ergebnis war:

Ihr Menschen hinterfragt die Impulse der nicht förderlichen Glaubenssätze sehr selten und akzeptiert sie einfach.

Damit überlasst ihr uns oft die Führung Eures Lebens.

Positive Impulse hingegen, werden von Euch Menschen recht **häufig hinterfragt**.

Ihr zweifelt sehr oft, ob Euer Leben wirklich so schön und mit Leichtigkeit zu leben sein kann.

Ihr glaubt nur sehr selten dem einfachen Weg, der leicht zu gehen ist.

Steine, die im Weg liegen und Euch behindern, haltet Ihr dagegen für normal.

Für mich sieht es so aus, als ob Ihr Euch auch nach der **Transformation** der nicht förderlichen Glaubenssätze und trotz der daraus resultierenden positiven Unterstützung, immer noch mit angezogener Handbremse durch Euer Leben bewegt?!!

Die Aufgabe für uns Versammlungsteilnehmer war, den Grund für diese "Handbremse" zu suchen.

Ich stellte die Frage, ob es sein könnte, dass wir hier bei euch Menschen die Mutation eines Glaubenssatzes gefunden hatten, da Ihr trotz umfassender **Transformation** behindernder Glaubenssätze, sehr oft wieder in **blockierende Denkweisen** verfallt.

Ihr **transformiert** viele der nicht förderlichen Glaubenssätze, spürt kurz die erreichte Leichtigkeit und Lebensfreude und füllt dann Euer Inneres wieder mit neuen oder erneut zum Leben erweckten nicht förderlichen Glaubenssätzen auf.

Genau das hatten viele der **transformierten** Glaubenssätze bemerkt und leider sehe ich das heute auch noch oft.

Wo lag nun die Ursache dafür?

Ganz dunkel konnte ich mich erinnern, früher schon einmal von einer Familiengruppe gehört zu haben, die sehr einflussreich und nur im Verborgenen agierte.

Ihr genauer Name war mir entfallen, er hatte aber mit Anpassung, die Sicherheit versprach und **"Veränderung bringt Risiko"** zu tun.

Ich sah ein Bild von einem Glaubenssatz mit Tarnmantel in meinem Inneren. Ganz viele verschiedene Gedanken tauchten in mir auf.

Was, wenn diese Familienmitglieder mit einem Schutzmantel geboren werden, der eine Aufdeckung und anschließende **Transformation** verhindert?

Was, wenn dieser Mantel auch verhindert, dass diese mutierte Familiengruppe überhaupt etwas davon erfährt, welche positiven Aspekte ein Transformieren ihnen bringen würde?

Was, wenn diese Mutanten aus einer sehr unterentwickelten Glaubenssatz-Familie entstanden sind?

Was, wenn sie sich nur im Kreise ihrer Mutanten-Familie, also isoliert von allen anderen, nie weiterentwickelt hatten?

Könnte es sein, dass ihre Ur-Familie schon zu Zeiten der Neandertaler entstand und die ersten Mutanten deshalb bei jeder Veränderung noch den Verlust des eigenen Schutzes befürchten mussten?

Das würde erklären, warum diese Glaubenssatz-Spezies im Verborgenen blieb und sich niemand von ihnen zu einer Transformation angemeldet hatte.

Wahrscheinlich hatten sie noch nie davon gehört?!!

Ihre Weigerung zur **Transformation** hätte dann sogar eine positive Absicht:

Sie wollten schützen und damit doch eigentlich etwas Gutes bewirken.

Ihre Familie lebte sicher den Impuls **"Veränderung-Bringt-Risiko"**.

Ich erinnerte mich noch genau an meine Ängste,

die sogar ich beim ersten Erwähnen von **Transformation** hatte.

Im Vergleich zu diesen Mutanten war ich aber schon sehr modern und Neuem gegenüber doch auch aufgeschlossen.

Alle meine Überlegungen kamen mir total stimmig vor, alles ergab jetzt einen Sinn.

Ich fasste den Entschluss, diese Mutanten-Familie aufzuspüren, um sie zu informieren, in welcher Zeit sie inzwischen lebten.

Wenn ich es schaffen würde, ihnen ihre Ur-Angst zu nehmen, könnte ich damit sicher eine sehr große Blockade in euch Menschen lösen.

Ich erzählte sofort den anderen Versammlungsteilnehmern von meiner Idee.

Nach einer ersten Begeisterung, tauchte aber die nächste Frage auf:

Wie finde ich diese gut getarnte, extrem einflussreiche Familie?

Sie war im Verborgenen zwar stark aktiv, aber agierte so perfekt im Geheimen, dass selbst wir anderen Glaubenssätze sie nicht erkannten.

Nach längerem Überlegen stand der Plan fest. Wir mussten ihre Spuren zurück verfolgen.

Sinnvoll wäre, zuerst die sichtbaren Familien, die mit dieser Mutanten-Familie zusammen arbeiteten, zum Transformieren zu schicken.

Sie würden uns dann zu der getarnten Familie führen, von sichtbaren Wirkungen also zu den unsichtbaren Impulsen und damit zu der gesuchten Familie.

Auf jeden Fall eine ganz schöne Herausforderung! Uns waren etliche nicht förderliche Glaubenssatz-Familien bekannt, die sich immer noch nicht transformieren ließen oder kurz nach dem Transformieren wieder in ihrer nicht förderlichen Form auferstanden.

Viele von ihnen kennt ihr Menschen sicher auch:

- **"Da muss ein Haken dran sein!"**
- **"Wer hoch fliegt, fällt tief!"**

- **"Einfach kann jeder!"**
- **"Man wächst an seinen Aufgaben!"**
- **"Das Leben ist kein Ponyhof!"**
- **"Man muss hart arbeiten für sein Geld!"**
- **"Schaffe, schaffe, Häusle baue!"**
- **"Was lange währt, wird endlich gut!"**

Wir waren uns ziemlich sicher, hier Unterfamilien der im Verborgenen agierenden Mutanten-Familie gefunden zu haben.

Die Statistik hat deutlich gezeigt, dass genau diese Unterfamilien von euch Menschen fast nie verbannt werden und ungehindert weiter ihre Impulse senden können.

Was gab diesen Familiengruppen die Kraft und Ausdauer?

Diese Frage versuchten wir Glaubenssätze bei unserer Versammlung auch noch zu klären und hatten dazu die unterschiedlichsten Meinungen zusammengetragen:

- vielleicht liegt es daran, dass ihre Familiennamen eher lustig klingen

- vielleicht werden sie unterschätzt, weil sie nicht wirklich negativ klingen

- vielleicht fühlen sich Menschen nicht richtig angesprochen, weil bei manchen Sätzen eher ein Bezug zu Tieren zu sehen ist (Haken ≙ Fisch / hochfliegen ≙ Vogel / Ponyhof ≙ Pferd)

- vielleicht betrachtet ihr Menschen diese Familien als alt und überholt und damit als unwichtig (was lange währt...)

Jetzt verstanden wir Glaubenssätze, dass ihr Menschen die Auswirkungen dieser Unterfamilien einfach unterschätzt und deshalb eine **Transformation** nicht für sehr notwendig erachtet oder diese Familien, weil ihre Namen "so lustig klingen", gerne aussprecht und ihnen damit unbewusst wieder einen Platz in Euch Menschen zur Verfügung stellt.

Mein Plan war also:

1. Aufspüren dieser Unterfamilien und ihnen die Vorteile einer **Transformation** erklären

2. Durch den Wegfall eines Großteils dieser nicht förderlichen Unterfamilien würde der Sichtschutz der Mutanten-Familie so gering werden, dass ich sie finden könnte

3. Der Mutanten-Familie danken für ihre gute Absicht und ihre unermüdliche Schutzfunktion

4. Ihr die heutige Zeit erklären und die Angst vor Transformation nehmen

5. Die Familienmitglieder bis zur Transformation begleiten

6. Die transformierten Ex-Mutanten in unsere Gemeinschaft aufnehmen, damit sie nicht in die "Angst vor Neuem" zurückfallen können

Ihr seht, wir, die „Förderlichen", geben unser Bestes um euch Menschen in Eurer Persönlichkeitsentwicklung zu unterstützen.

Ich, der Haupt-Glaubenssatz mit Tradition, hatte dabei schon immer eine besondere Vorbildfunktion.

Das ist wohl auch der Grund, warum ich meine Memoiren schreiben wollte. Na ja, schreiben lassen wollte. Ich möchte bei der Wahrheit bleiben.

Schreiben habe ich leider noch nicht so gut gelernt, dass ihr Menschen es lesen könntet. Also, eines ist klar, das Schreiben beherrscht Ihr sicher besser.

Aber, in der Beeinflussung von Anderen sind wir Glaubenssätze einfach die absoluten Sieger!

Deshalb hier mein Tipp an Euch:

"Achtet, bei Allem, was Ihr hört oder was Euch begegnet immer darauf, ob es Euch gut tut und ob es in dieselbe Richtung geht, wie unsere förderlichen Impulse."

Jetzt aber wieder zurück zu der Herausforderung durch diese mutierten Glaubenssätze.

In unserer Menschin hatte ich, genau wie ich es geplant hatte, einen dieser Mutanten aufgespürt.

Er hatte zwar nicht offen zugegeben, ein Angehöriger dieser Familie zu sein, aber er war, nach einem ausgiebigen Gespräch mit mir, bereit zu einer Transformation und die Menschin bekam daraufhin einen Riesenschub an zusätzlicher Energie.
Ich bin sicher, mit der stark positiven Energie der förderlichen Glaubenssätze und meinem gut funktionierenden Plan, wird es in Zukunft den anderen „Förderlichen" auch möglich sein, diese getarnten Familienmitglieder in euch Menschen zu finden.

29) Die Veränderung der anderen Glaubenssatz-Kollegen*innen

Zurück zu mir und meinem Umfeld.
Wie veränderten sich meine
Glaubenssatz-Kollegen?

Mein Onkel **„Ich bin nicht liebenswert"**,
der so lange Jahre mit mir gewirkt hatte,
lebte seine neu transformierte Wirkung
„Ich bin liebenswert" mit Bravour und Stolz.

Den leicht überheblichen Gockel-Gang hatte er inzwischen perfektioniert. Als Mensch hätte er mit guten Chancen an einem Tanzturnier teilnehmen können.

Auch meine ebenfalls transformierte Tante
„Ich werde nicht geachtet und wertgeschätzt"
stand jetzt überzeugend in unseren Reihen als
„Ich verdiene und bekomme Achtung und Wertschätzung".

Oma **„Ich bin nicht gut genug"** war nicht wiederzuerkennen. Sie lief, nein, sie schritt umher, ohne ihre Krücken und ohne den früher so wichtigen Rollator.

„Ich bin vollauf zufrieden mit mir. Ich bin genau richtig, so wie ich bin!" trällerte sie den ganzen Tag ihren neuen Familiennamen und stolzierte dabei erhobenen Hauptes um uns herum.

Ich bin sicher, Onkel und Oma hätten bei einem Tanzturnier ein wunderschönes, Energie geladenes Paar abgegeben.

Ihr Menschen könnt Euch nicht vorstellen, wie so ein "Glaubenssatz-Gockel-Gang-Tanzpaar" aussehen würde. Das würde jeden Zuschauer vor Lachen umhauen.

Die beiden wären sicher super Kandidaten für Eure Fernsehsendung „Let's dance" gewesen.

Es klingt für euch Menschen vielleicht so, als wären wir Glaubenssätze nun völlig überdreht und albern geworden.

So war es nicht.

Wir alle sahen, wie unsere veränderte Ausstrahlung bei der Menschin immer mehr positive Wirkung zeigte und darüber freuten wir uns einfach ausgelassen.

Diese Lebensfreude, die wir ihr übermittelten, führte wiederum zu einer Leichtigkeit, aus der heraus die Menschin alle Aufgaben viel schneller und mit voller Energie in Angriff nahm und erledigen konnte.

Sie war jetzt stolz auf alles, was sie erreicht und geschafft hatte.

Aus unserer Menschin strahlte, deutlich zu sehen, die Freude-Energie meiner Glaubenssatz-Oma.

30) Die neue Wirkung im Außen
--> und wieder stört der Zweifel

Ein paar Beispiele möchte ich Euch noch geben, damit Ihr, oft kritisch oder zweifelnd, die Tragweite dieses **Transformierens** bei euch Menschen noch besser verstehen könnt.

Meine Menschin, die sich früher meist verschlossen hatte, ging jetzt mit tiefer Überzeugung, dass jede Begegnung ein schönes Erlebnis bringt, auf andere Menschen zu.

Diese Einstellung wurde mit jeder positiven Begegnung immer mehr gefestigt. Ihr Lächeln, ihre Fröhlichkeit und ihre Offenheit übertrug sich auf alle Menschen, die sie traf.

Ihr Menschen habt doch dafür auch Sprichwörter:

»**Wie man in den Wald hinein ruft, so schallt es auch heraus**« oder »**Gleiches zieht Gleiches an**«. Denkt doch bitte einmal über deren Inhalt und Sinn nach.

Alte Sprichwörter verlieren mit den Jahren

nicht ihre Richtigkeit oder sind überholt, sondern können immer wichtige Ratschläge geben.

Ihr werdet in ihnen uralte Weisheiten erkennen. Es zeigt sich aber hier auch wieder einmal, wie oft Euch Eure Eigenschaft **"zu zweifeln"** im Wege steht.

Ihr zweifelt an den Botschaften der Sprichwörter, Ihr zweifelt an Euch selbst, Ihr zweifelt an Eurer Fähigkeit, in Eurem Leben etwas mit Leichtigkeit verbessern zu können.

Das ist aber leider nur ein Bruchteil Eurer Zweifel, die Euch so sehr blockieren können.

Wie leicht könntet Ihr Euch ins Positive und Glücklichere weiterentwickeln, wenn ihr Eure Zweifel ablegt, die von dieser gut verborgenen Glaubenssatz-Familie in Eurem Denken verankert wurden.

»Es kostete aber extrem viel Zeit, die Tarnung dieser einflussreichen Mutanten-Familie in euch Menschen aufzudecken und zu **transformieren**.«

Wie wäre es:

Ihr nehmt die Hinweise dieser Sprichwörter einfach an und vertraut ihrem Wahrheitsgehalt.

Wir förderlichen Glaubenssätze kümmern uns währenddessen um diese blockierende Glaubenssatz-Familie und überzeugen sie von der **Transformation**.

31) In der Menschin wird es wieder voll

Und wieder zurück zu unserer Menschin:

Die positiven Erfahrungen verstärkten ihre Überzeugung, dass sie immer positive Reaktionen bekommen würde. Sie bemerkte jetzt, bewusst oder unbewusst, die Richtigkeit der Sprichwörter.

Ein neuer förderlicher Glaubenssatz Namens **„Ich treffe immer positive Menschen"** zog in meiner Menschin ein. Es war ein entfernter Verwandter meines besten Freundes.

Mir kam er am Anfang sehr eingebildet vor, er stolzierte mit vorgestrecktem Bauch herum und tat unheimlich wichtig.

Nach kurzer Zeit erkannte ich aber: Dieser Glaubenssatz war ein richtiger Magnet.

Er strahlte so starke Energie aus, dass sofort förderliche Glaubenssätze der unterschiedlichsten Familien, die aber alle weitläufig mit ihm verwandt waren, auch bei meiner Menschin einzogen.

Die Menschin war jetzt ein richtig beliebtes Einzugsgebiet für förderliche Glaubenssätze.

Hier stimmte Euer Sprichwort schon wieder:

»**Gleiches zieht Gleiches an**«.

Förderliche Glaubenssätze der Familien

„Jede Begegnung mit Menschen bringt mich zu mehr Selbstsicherheit"

„Ich begegne immer liebevollen Menschen"

„Ich erlebe immer Spaß und Freude mit anderen Menschen"

gehörten zu den neu Zugezogenen, die uns in der Menschin unterstützten.

Viele förderliche Glaubenssätze standen noch auf der Warteliste, sie alle aufzuzählen, war unmöglich.

Inzwischen war es in der Menschin so eng geworden, dass nur noch selten ein weiterer Glaubenssatz aufgenommen werden konnte.

Wir überlegten schon Lose zu verteilen. Angehörige gleicher Familien erhielten die Auflage miteinander zu verschmelzen, um Platz in unserer Menschin zu schaffen.

Zum Glück gehören wir Glaubenssätze, wie schon erwähnt, zu einer sehr geselligen Spezies.

Wir hatten Spaß daran, dicht an dicht zu leben und je mehr wir waren, umso schöner und ausgelassener wurde unser Feiern.

Zum Glück bestand für unsere Menschin nicht die Gefahr, wegen unserer riesigen positiven Energie zu platzen.

Wir hatten uns ausgiebig informiert, so ein Fall war noch nie eingetreten.

Diese Entwarnung gab uns einen erneuten Grund für ein rauschendes Glaubenssatz-Fest.

Immer fiel uns etwas Witziges ein, um den Energiepegel des Glücklichseins nie absinken zu lassen.

Die hatten wir von Euch Menschen kopiert. Unsere **"Glaubenssatz-Glück-Spass-Freude-Spezial-Laola-Welle"** rollte fast täglich durch die Menschin.

Da kann ich Euch doch auch gleich ein bisher gut geschütztes Geheimnis verraten:
Manchmal, wenn Ihr einen Schluckauf habt, liegt das an den ausgelassen feiernden „Förderlichen" in Euch. Unsere **"Glaubenssatz-Glück-Spass-Freude-Spezial-Laola-Welle"** führt nämlich bei euch Menschen sehr oft zu Schluckauf.

Ich finde das so lustig. Ihr hüpft dann richtig mit bei unserer Laola-Welle. Das bestätigt doch ganz klar die Richtigkeit meiner Aussage:

Wir förderlichen Glaubenssätze verbreiteten pure Lebensfreude!!

32) Der Anker

Übrigens, eine Geschichte muss ich Euch noch erzählen. Das war total interessant!

Meine Menschin hatte einen weiteren Termin für ein Coaching gebucht und erzählte in ihrem Bekanntenkreis, dass ihr dort ein Anker gesetzt werden würde.

Als ich dies hörte, fragte ich mich, ob sie etwa auf ein Schiff ziehen wollte. Wofür brauchte man sonst einen Anker?

Oder sollte der Anker benutzt werden, wie eine Fußfessel mit schwerer Kugel?

Aber warum das?

Unsere Menschin hatte doch gar nichts verbrochen, also brauchte sie bestimmt auch nicht befürchten, in Ketten gelegt zu werden!?!

Sie schien sich sogar auf diesen Termin zu freuen, was dann doch gegen die Fußfessel sprach.

Ich war völlig irritiert. Außerdem bemerkte ich,

dass unsere gesamte Glaubenssatz-Truppe sicherheitshalber in Alarmbereitschaft ging.

Bestand etwa auch Gefahr für uns?

Eigentlich waren wir alle doch überzeugt, dass die Menschin zufrieden mit uns war ...
Aber man weiß ja nie.

Wir Glaubenssätze lebten die restlichen Tage bis zum Coaching in ziemlicher Anspannung.

Unsere sonst so überschwängliche Lebensfreude war erst einmal stark gedämpft.

Am Tag des Coachings hatte unsere Menschin eine extrem aufmerksame Glaubenssatz-Truppe dabei, als sie den Behandlungsraum betrat. Wir hatten uns auf alles vorbereitet und waren in der Lage auf alles Negative sofort zu reagieren.

Beim Termin saß unsere Menschin dann Jemandem gegenüber, der ganz konzentriert auf sie einredete.
Bis jetzt schien es für uns noch nicht gefährlich zu werden. Dann sagte dieser Jemand, die Menschin solle sich an etwas ganz Lustiges erinnern.

Wir Glaubenssätze warteten gespannt auf ihre Reaktion, vielleicht hatte dieser Anker doch irgendwie mit uns zu tun.

Mein Neffe **„Mein Leben macht Spaß"** richtete sich schon ganz groß auf und fühlte sich total wichtig. An etwas Lustiges erinnern, das war genau sein Thema.

Dann spürte ich, dass die Menschin richtig in sich hinein zu sehen begann, als ob sie tief in ihren Erinnerungen nach etwas suchen würde.

Mein Neffe erkannte, dass er jetzt loslegen durfte. Er verschwand und kam kurz darauf mit mehreren Bildern zurück. Er stellte sie so auf, dass wir alle sie gut sehen konnten.

--> Ein Bild von unserer Menschin, als kleines Kind, lachend im Wasser planschend

--> ein weiteres von unserer Menschin, etwas älter, lachend mit einer Freundin in einem Baum sitzend

--> noch eines, die Menschin auf dem Pferd, bei der Siegerehrung mit goldener Schleife und strahlendem Lächeln

--> ein anderes Bild zeigte sie beim Auspusten der Geburtstagskerzen

Bei jedem weiteren Bild, das mein Neffe aufstellte, spürte ich, wie der Körper der Menschin immer stärker zu vibrieren begann.

Es wurde ein richtig starkes Zittern.

Hatte sie jetzt womöglich Angst? Vor was oder wem? Was machte dieser Jemand mit ihr?

Bekam meine transformierte Hauptfreundin womöglich einen Rückfall und wurde wieder zu **„Ich kann niemandem vertrauen"** und mein guter Freund erneut zu **„Ich werde immer enttäuscht"**?

Aber, nein, meine Ängste waren unbegründet. Das Vibrieren der Menschin verwandelte sich in ein lautes Lachen.

Gerade wieder beruhigt, weil nichts von meinen Befürchtungen eingetreten war, dachte ich, ich könnte mich entspannen.

Doch dann bemerkte ich, dass dieser Jemand meine Menschin fest in den Arm drückte.

Wollte er nicht, dass sie so ausgelassen lachte?

Aber er hatte doch vorher selbst gesagt, sie solle sich an etwas Schönes erinnern.

Er drückte richtig fest, davon würde sie bestimmt einen blauen Fleck bekommen.

Unbegreiflich war das!!

Aber er hatte keine Chance. Er konnte die Fröhlichkeit meiner Menschin nicht verhindern, sie lachte einfach weiter.

Deshalb hörte er wohl auch auf, diese Stelle am Arm zu drücken.

Wieso wurde meine Menschin daraufhin aber ruhiger und lachte nicht weiter? Er tat ihr doch jetzt nicht mehr weh.

Nach einer kurzen Pause sagte dieser Jemand, er wolle es noch kontrollieren.

Ich verstand überhaupt nichts mehr. Was gab es denn zu kontrollieren?

Aber es wurde noch verwirrender.

Dieser Jemand drückte doch schon wieder den Arm der Menschin. Wieso fing sie jetzt erneut an, laut zu lachen? Und wieso ließ sie es überhaupt zu, dass man ihr "weh tat"?

Hatte dieser Coach unsere Menschin völlig auf den Kopf gestellt?

Arm drücken --> Menschin lacht fröhlich
Arm loslassen --> Menschin ist ruhig

Ich sah, dass alle meiner Glaubenssatz-Kollegen genauso ratlos waren, wie ich.
Dieser Jemand wirkte am Ende der ganzen Aktion auch noch richtig zufrieden.

Er saß ganz entspannt vor unserer Menschin, die ihn auch noch dankbar anstrahlte?!

Zum Glück für uns Glaubenssätze, begann der Coach nach dieser kurzen Pause zu der Menschin zu sprechen, nun hörbar für uns.

Jetzt käme sicher endlich eine Erklärung für diese komische Situation.

Also hörten wir ganz gespannt zu, was er unserer Menschin sagte:

»Dieses Armdrücken sei jetzt ihr Anker ...«

? Diese Rede verursachte noch mehr Fragezeichen bei uns Glaubenssätzen!!

»Dieser sogenannte Körperanker ...«

? Es wurde nicht viel deutlicher für uns!

»... wäre jetzt mit dem Gefühl der Freude verbunden ...«

? Es wurde immer noch nicht klarer!

»Jedesmal, wenn sie den Anker zieht ...«

? Wohin sollte sie mit diesem Anker ziehen? Voll unklar!

»... würde jetzt in ihr das Gefühl der Freude entstehen ...«

? Uns fehlte völlig das Verständnis!

»Bei jedem weiteren Glücksgefühl, das sie spüren würde, solle sie wieder ihren Anker ziehen, also den Arm drücken, damit sich der Anker verstärkt ...«

?! Langsam verstanden wir Glaubenssätze es doch!

Das ganze Durcheinander und die von uns Glaubenssätzen fehlinterpretierten Reaktionen unserer Menschin, ergaben endlich einen Sinn!

Der Coach erklärte: Dieses Drücken sei das sogenannte "Anker Setzen", in unserem Fall wäre es ein Körperanker.

Ein Anker würde einen externen Reiz
mit der Emotion verbinden.
Im Fall der Menschin wäre der Reiz das Armdrücken und Freude die gefühlte Emotion.

Man könnte auch auf solch einen Reiz ganz viel ähnliche Emotionen dazupacken und den Anker damit verstärken.

Je öfter man seinen Anker bei der gleichen Emotion ziehen würde, desto wirksamer sei er, wenn man ihn dann zum Erreichen dieser Emotion abfeuern würde.

Langsam kamen mir Zweifel, ob ich als Glaubenssatz eure Menschen-Sprache noch verstehe.
Dass man an einem Anker ziehen kann, ergab für mich noch Sinn, aber wie sollte man denn einen Anker abfeuern??

Als der Coach auch noch aufzählte, dass es außer einem Körperanker noch ganz viele andere Anker, wie Boden-, Farb- und Geräuschanker gäbe, verstand ich gar nichts mehr.

Das Wesentliche und für uns Glaubenssätze Wichtige, hatte ich aber trotzdem kapiert.
Ich war mir sicher: Hätte der Coach die Aktivitäten der Glaubenssätze beim Anker-Setzen gleich erklärt, dann hätten wir es sofort verstanden.

In diesem Coach lebte sicherlich noch mindestens ein Angehöriger der nicht förderlichen Glaubenssatz-Familie

„Warum einfach, wenn's auch kompliziert geht".

Für unsere Glaubenssatz-Truppe fasste ich das Erlebte also noch einmal, für Glaubenssätze leicht verständlich, zusammen:

Wenn die Menschin gerade glücklich wäre und sich dann in den Arm drückt, dann würde mein Neffe **„Mein Leben macht Spaß"** ein neues Bild für seine Sammlung bekommen. Auf diesem Bild wäre dann genau diese Glücks-Situation abgebildet.

Wichtig sei aber, dass unsere Menschin immer genau dieselbe Stelle drückt, wenn sie sich gerade glücklich fühlen würde. Ob sonst nur ein verwackeltes Bild entstehen würde, hatte ich leider vergessen.

Sie dürfte die Stelle auch nur bei Freude drücken oder bei der Freude ähnlichen Gefühlen. Es könnte sonst passieren, dass die entstehenden Bilder nicht zu der Sammlung meines Cousins passen würden.

Dann hatte ich noch etwas ganz tolles verstanden, das sehr wichtig war.

Mein Cousin sei nicht nur zur Einlagerung von neuen Bildern wichtig. Er hätte auch die Aufgabe, der Menschin seine Freude-Bilder zu zeigen, wenn sie mehr Freude bräuchte und deshalb die Stelle am Arm drücken würde.

Dieses Armdrücken bekam für meinen Cousin also zwei ganz unterschiedliche Bedeutungen. Das konnte ich den anderen Glaubenssätzen bildhaft jetzt gut erklären:

1) Unsere Menschin ist glücklich. Die Stelle am Arm ist der Auslöser einer Kamera. Es entsteht ein Foto von der schönen Situation. Dieses Foto wird dann von meinem Cousin eingelagert.

2) Unsere Menschin ist traurig. Die Stelle am Arm ist ein Notfallknopf, das Drücken dieses Knopfes motiviert meinen Cousin, viele lustige Bilder aufzustellen, damit die Menschin jetzt mehr Schönes wahrnehmen kann und glücklich wird.

Endlich hatten wir alle dieses "Anker Setzen" begriffen. Wir waren uns einig, dass es eine sehr effektive Ergänzung zu den Wirkungen förderlicher Glaubenssätze sei.

Der Coach hatte einen tollen Erfolg erzielt. Unsere Menschin war richtig in eine Freude-Energie-Wolke eingehüllt.

Ich war aber doch ein klein bisschen enttäuscht. Als **„Ich bin wertvoll"** hätte ich mir schon gewünscht, dass wir Glaubenssätze für unsere Zusammenarbeit mit einem Anker wenigstens erwähnt werden würden.

Das "Anker-Setzen" bei unserer Menschin ging nach einer Kaffeepause dann doch noch weiter.

Wir Glaubenssätze waren gespannt, was jetzt noch Neues kommen würde. Vielleicht hatte der Coach meine Enttäuschung gespürt, denn jetzt ging er richtig auf uns „Förderliche" ein.

Er bat unsere Menschin direkt in das Gefühl **„Ich bin liebenswert"** zu gehen und ganz tief in dieses Gefühl einzutauchen.

Mein Onkel begann sich groß aufzurichten, als er seinen Namen hörte. Er startete seinen Volldampf-Gockel-Gang und schickte sofort eine Menge Impulse, damit die Menschin sich richtig doll geliebt fühlte, umgeben von ganz viel Liebe. Glaubt mir, mein Onkel kann diese Energie ganz hervorragend ausstrahlen! Er bekam dafür seinen ganz persönlichen Ankerpunkt am rechten Handgelenk der Menschin.

Die wunderschöne Energie und Ausstrahlung meiner Oma **„Ich bin vollauf zufrieden mit mir. Ich bin genau richtig, so wie ich bin!"** bekam auch einen Ankerplatz.

Nachdem die Menschin die Oma-Emotion richtig stark in sich gespürt hatte, setzte sie sich den Oma-Anker am linken Ohrläppchen.

Meine Oma fand das total lustig und wollte schon ihren Zweitnamen **„Ich bin genau richtig, so wie ich bin"** in **„Ich sitze genau richtig, dort wo ich bin"** ändern.

Wir anderen konnten sie aber überzeugen, dass eine solche Namensänderung unsere Menschin nur verwirren würde.

Für mich gibt es jetzt auch einen Anker.

Da hat dieser Jemand doch

noch richtig erkannt, wie wichtig ich bin. Der Anker für mich sitzt jetzt auf Menschin's Nasenspitze. Das ist auch genau der passende Platz.

Als **„Ich bin wertvoll"** brauche ich schon eine exponierte Stelle. Drückt sie jetzt ihre Nasenspitze, so explodiere ich fast, so stark ist meine Energie und Größe, die ich dann sofort meiner Menschin vermittle.

Also für mich sind Anker, einfach ausgedrückt, Anschaltknöpfe für uns förderliche Glaubenssätze. Drücken, und wir "Förderlichen" sind sofort voll aktiv und machen uns mit unserer kraftvollen Ausstrahlung bemerkbar.

Anker sind einfach **„Gefühls-Power-Schalter"**. Voll toll, finde ich!!

Der Coach erklärte unserer Menschin zum Schluss, dass sie jetzt mit ihren positiven Ankern auch eventuell noch bestehende negative Anker überlagern könnte. Sie suchten daraufhin bei unserer Menschin diese negativen Anker. Einen fanden sie ziemlich schnell.

Der Gedanke an „vor Anderen tanzen" erzeugte bei der Menschin ganz unschöne Emotionen.

Sie empfand wieder dieselben schlechten Gefühle, wie damals bei einer Tanzaufführung. Als junges, sehr schüchternes Mädchen war es für die Menschin eine große Herausforderung gewesen, einen Solopart zu tanzen.

Bei der Aufführung vor vielen Zuschauern war sie dann plötzlich gestolpert und fiel beinahe hin. Es war ihr total peinlich und sie bekam ein richtig rotes Gesicht.

Nach der Aufführung spielten die anderen Kinder dieses Fast-Hinfallen in der Umkleide immer wieder nach und lachten die Menschin richtig aus.

Der Coach erklärte der Menschin daraufhin, dass dieses damalige Auslachen der Auslöser sei, weshalb sie in ihrem späteren Leben keinen Spass mehr am tanzen empfand.

Allein der Gedanke „vor Anderen tanzen" führe sie wieder zu schlechten Gefühlen, wie „sich schämen müssen" oder „sich nichts zutrauen".

Vielleicht gäbe es in meiner Menschin auch noch den Musik-Anker. Ein Hören der Auftrittsmusik von damals würde dann sofort das Gefühl „Schämen" auslösen.

Im Anschluss begann der Coach mit dem Überschreiben dieses negativen Ankers, er nannte die Vorgehensweise "Anker Verschmelzen".
Er bat die Menschin noch einmal in dieses negative Gefühl von damals zu gehen.

Interessant war, dass ich mich sofort in meinem früheren Leben als nicht förderlicher Glaubenssatz der Familie **„Ich bin wertlos"** sehen konnte. Das Auslachen der jungen Menschin führte dazu, dass ich ganz intensiv meine negative Schwingung aussendete.

Dieses negative Gefühl setzte die Menschin als neuen negativen Anker an ihr Kinn. Im Anschluss durfte die Menschin ihre Nasenspitze drücken und ich als förderlicher Glaubenssatz mit den dazugehörenden positiven Gefühlen wurde sofort aktiv. Ich versprühte meine starke **„Ich bin wertvoll"**-Energie so stark, dass das anschließende Auslösen des **„Ich bin wertlos"**-Kinn-Ankers völlig verpuffte.

Ein bisschen redete der Coach noch auf die Menschin ein und dann war der negative Anker und das dazugehörende schlechte Gefühl beseitigt.

Dann ging der Coach ins Nebenzimmer und kam kurz darauf mit dem Film „Dirty dancing" zurück. Er spulte den Film bis zur Hebefigur vor und sagte der Menschin dann, sie solle sich selbst dort sehen.

Sie solle dabei ganz in die Emotion **"Ich habe es geschafft"** gehen und Ihren Applaus genießen.

Ich konnte als ihr Glaubenssatz nur noch ganz kurz eine schwache **„Ich bin wertlos"**-Energie fühlen, wirklich ganz kurz, dann feuerte meine **„Ich bin wertvoll"**-Energie regelrecht aus mir heraus.

Die Menschin hatte nämlich beim Starten der Filmsequenz sofort ihre Nasenspitze gerieben und damit meine positive Schwingung ausgelöst. Soviel positive Energie versprühen zu können, gab mir immer wieder ein richtig großes Glücksgefühl.

Nach dieser Übung des Ankerverschmelzens war ich total gespannt, wann meine Menschin nun ihren ersten Tanzkurs buchen würde.

Jetzt war der Weg dahin richtig frei geworden.

Nach Ende dieser Coaching-Sitzung fühlte ich mich durch diese vielen Anker-Erfahrungen total bestätigt.

Als Angehöriger meiner Haupt-Glaubenssatz-Familie hatte ich ein weiteres mal erfahren dürfen, welche Macht meine Familie als förderlicher und auch als nicht förderlicher Glaubenssatz hat.

Wieso sonst war ich bei diesem "Anker-Verschmelzen" der wichtigste Glaubenssatz, sowohl hinter dem negativen als auch dem positiven Anker?!

Ich war wieder einmal sehr stolz der Glaubenssatz **„Ich bin wertvoll"** sein zu dürfen.

33) Der Glaubenssatz und die Wahrnehmung --> Steigerung des Positiven

Die Wahrnehmung der Menschin ging jetzt fast immer in Richtung Fröhlichkeit.

Sie war zu einem völlig ausgewechselten, immer strahlenden Menschen geworden.

Wer meine Memoiren aufmerksam gelesen hat, weiß natürlich, hier hatten wir Glaubenssätze wieder ordentlich mitgemischt.

Auch als förderliche Glaubenssätze waren wir natürlich ständig auf der Suche nach neuen Freunden.
Sie zu finden, fiel uns leicht, denn durch unsere Energie zogen wir Glaubenssätze mit gleicher oder sehr ähnlicher Schwingung förmlich an.

Waren die Neuen dann in unserer Menschin eingezogen, dann verstärkte sich sofort unsere gemeinsame, jetzt **positive Energie**.
Je stärker wir wiederum strahlten, desto größer wurde unsere Anziehungskraft.

Unsere Menschin glaubte natürlich, es sei ihre eigene positive Ausstrahlung.

Ich wunderte mich, dass ihr Coach sie nicht darüber informiert hatte, dass wieder wir förderlichen Glaubenssätze das verursachten.

Aber egal, woher diese Wirkung unserer Menschin auf Andere kam, die Menschin war vollkommen überzeugt davon, dass ihre fröhliche Art auf Andere eine deutliche Wirkung hatte.

Sie war sich sicher, dass die Anderen jetzt ihre Nähe suchten, um sich von ihrer Lebensfreude anstecken zu lassen.

Ok, wir hatten sie in diesem Glauben gelassen, diese Ausstrahlung alleine zu bewirken.

In Wahrheit sind und bleiben wir Glaubenssätze die Bestimmenden.

Wir bestimmen immer, worauf ihr Menschen Euch fokussiert und was Ihr hauptsächlich wahrnehmt oder registriert.

Das ist bei den förderlichen und den nicht förderlichen Glaubenssätzen absolut gleich.

Glaubenssätze lieben es einfach, immer ein bisschen im Verborgenen zu agieren. Das ist unsere große Leidenschaft und Stärke!

Wie ging es mit unserer Menschin und ihrer positiven Ausstrahlung weiter?

Unsere Glaubenssatz-Energie zog nicht nur die frei herum schwirrenden Glaubenssätze an, die dann in unserer Menschin einzogen, sondern auch die Kollegen, die schon in anderen Menschen wohnten.

Diese brachten dann ihre eigenen Menschen dazu, die Nähe unserer Menschin zu suchen. So kamen immer mehr positiv gestimmte Menschen zu unserer Menschin.

Auch hier, bei diesen anderen Menschen, waren wieder wir Glaubenssätze diejenigen, die bestimmten.

Wie immer gaben wir Glaubenssätze die Richtung des Handelns vor und bestimmten den Fokus unserer Menschen.

Durch unsere gegenseitige Anziehungskraft, bemerkte die Menschin, dass ihre eigene

Fröhlichkeit regelrecht von den anderen Menschen gespiegelt wurde.

Deren Fröhlichkeit strahlte nämlich auf die Menschin zurück. Die positive Energie nahm dadurch auch außerhalb unserer Menschin immer mehr zu.

Für uns Glaubenssätze fühlte es sich an, als würden wir mit unserer Positiv-Energie zwischen den Menschen Pingpong spielen, hin zurück, hin zurück.

Dieses transformierte neue Leben war wirklich einfach Freude pur!!
Das muss nochmal deutlich gesagt werden, auch wenn ich mich hier wiederhole.

Etwas Besonderes erkannten wir jetzt auch deutlich:

Durch die Freude wurde alles leichter,
durch die Leichtigkeit gelang alles besser,
durch die leicht erreichbaren Erfolge wurde
die Freude wieder größer.

Dieses Phänomen sahen wir Glaubenssätze jetzt immer bei unseren Arbeiten und ließen es die Menschin als ständig wachsendes schönes Glücks-Gefühl wahrnehmen.

Sie bemerkte es selbst aber auch bei ihren eigenen Aufgaben, die sie jetzt aus der Lust heraus erledigte.

Manchmal staunten wir jetzt förderlichen Glaubenssätze doch noch über diese geniale Lebensveränderung.

Es fühlte sich an wie ein Wunder.

Es war eine Spirale, die sich immer
weiter ins Glücklichsein drehte.
Eine **"Glaubenssatz-Glücksspirale"**,
ohne Lotto, einfach automatisiert!

Als wir Glaubenssätze uns an den Verlauf dieser Lebens verbessernden Transformation zurück erinnerten, mussten wir wirklich staunen.

Es war richtig leicht gewesen, uns zu verändern und damit das gesamte Leben unserer Menschin ins Positive zu drehen.

Alle Aufregung und die Angst, die wir nicht förderlichen Glaubenssätze seinerzeit verspürten, hatten sich mehr als gelohnt.

Das erreichte Ergebnis war für alle Beteiligten unbeschreiblich schön!

34) Das allerletzte Mal: ENDE und Zukunftsvision

Jetzt aber, endlich und zum letzten mal, komme ich zum Schluss meiner Memoiren:

Denkt an meine Bitte, nein, an meine Aufforderung, meinen Appell:

Erzählt meine Lebensgeschichte bitte allen Menschen weiter!!

Erzählt sie wirklich allen Menschen, nicht nur denjenigen, die etwas traurig durch ihr Leben laufen.
Erzählt ihnen von den großartigen Auswirkungen, die eintreten, wenn man uns Glaubenssätze ins Paradies schickt.

Ihr wisst, was ich meine!

Die Transformation ist der Weg ins Glaubenssatz-Paradies!

Alle Menschen brauchen diese Information.
Selbst Menschen der „Smiley-Fraktion" freuen sich über mehr Glück und Leichtigkeit im Leben.

Ihren Namen „Smiley-Fraktion" erhielten Menschen, in denen die etwas außergewöhnliche Schauspieler-Glaubenssatz-Familie **„Man macht immer gute Miene zum bösen Spiel"**, wohnt.

Ihr erkennt diese „Smiley-Menschen" gut an der überheblich, gespielt glücklichen Ausstrahlung.

Manchmal brauchen diese Menschen, die so tun, als ob alles in Ordnung sei, richtig dringend die Informationen über uns Glaubenssätze und über die Erfolge einer **Transformation**.

Diese Schauspieler-Glaubenssatz-Familie bewirkt, dass ihre Menschen hauptsächlich ausstrahlen, alles sei in Ordnung.
Das führt dazu, dass diese Menschen wiederum andere von **„Alles ist gut"** überzeugen können.

Sie spielen es sich aber auch selbst so gut vor, dass sie auf ihre eigene Tarnung reinfallen und es sich dann meist selbst glauben.

Wenn sie aber aus diesem Traum aufwachen, sind sie besonders stark "ent-täuscht", sie erkennen diese Täuschung und sind jetzt richtig traurig.

Welche geniale Verbesserung würde ihnen eine **Transformation** bringen!

Die, nur den Schein wahrenden, Schauspieler-Glaubenssätze würden zu grandiosen Darstellern von Freude, Spaß und Leichtigkeit werden.

Solche Glaubenssätze könnten nicht nur diese Emotionen ausstrahlen, sie **sind** nach der **Transformation** die Freude, der Spaß und bestimmt auch die Liebe.

Bitte versteht es, bitte begreift es:

Bei der **Transformation** dieser Schauspieler-Glaubenssätze entstehen neue Glaubenssätze der Familien **„Ich bin Lebensfreude!"**
„Ich bin Leichtigkeit"
„Ich bin LIEBE!"

Spürt einmal in diese Gefühle hinein!

Lasst sie richtig groß werden!!

Das ist Feuerwerk pur!!!

Wenn ihr genauso begeistert seid wie ich, dann lasst uns gemeinsam loslegen!!

Wie wäre es, wenn wir ab sofort zusammen arbeiten?!

Wir förderlichen Glaubenssätze und ihr Menschen, mit Eurer positiven Ausstrahlung und Anziehungskraft, ergänzen uns ab jetzt gegenseitig!!

Ihr Menschen erzählt von den Erkenntnissen, die Ihr durch das Lesen meiner Memoiren gewonnen habt.

Wir positiven Glaubenssätze ziehen andere positive Familien an und laden sie in ganz viele Menschen ein, damit sie unser gemeinsames Projekt unterstützen.

Viele positive Glaubenssätze, viele glückliche Menschen, ergibt ganz viel positive Ausstrahlung!!

Das wird zu einem Riesen-Feuerwerk aus positiver Energie!

Ganz viel Lebensfreude, Glück und besonders Liebe wird dann nach außen strahlen.

Bei dieser tollen Vorstellung bekomme ich eine richtige Glaubenssatz-Igelhaut!!

Das ist wirklich die reinste Glaubenssatz-Lebens-Freude!!

Dieses Gefühl ist sooo toll, ich bleibe jetzt dieser Glaubenssatz-Igel.

Ich werde ab sofort nur noch laut jauchzend durch die Gegend kugeln und Glück, Spaß und Lebensfreude versprühen!!

Gerade bekomme ich noch einen Impuls:
Ihr braucht einen „Pieks"-Anker!

Einen Anker, der Euch immer wieder in ein wunderschönes Gefühl bringt und damit an unsere gemeinsame Aufgabe erinnert.

Geht noch einmal in dieses Gefühl, das ihr empfangen habt von den transformierten Schauspieler-Glaubenssätzen.
Geht noch einmal in das Gefühl:

„Ich bin Lebensfreude!"
„Ich bin Leichtigkeit"
„Ich bin LIEBE!"

Macht diese Gefühle richtig groß, laut, bunt, prickelnd...

Und jetzt setzt Euch Euren ganz besonderen **„Pieks"-Anker!**

Vielleicht bekommt Ihr jetzt sogar auch diese Igelhaut oder Eure Menschen-Gänsehaut.

Prima, Euer **„Pieks"-Anker** ist gesetzt und aktiv.

Jedes mal, wenn Ihr zukünftig diesen Anker zieht und Euch piekst, seid Ihr wieder in diesem überwältigenden Gefühl und erinnert Euch an unsere gemeinsame Aufgabe.

Vielleicht spürt Ihr aber auch manchmal nur ein plötzliches Pieksen, ohne Euren Anker selbst ausgelöst zu haben. Das ist dann einer Eurer positiven Glaubenssätze, der Euch an unsere Aufgabe erinnert.

Er piekst Euch, damit Ihr aktiv werdet oder um Euren Fokus auf eine Situation zu lenken, in der Ihr Hilfestellung geben könnt. Also legt los!!!

Dieser Pieks-Anker ist ab sofort unsere Verbindung, damit spürt Ihr immer Eure förderlichen Glaubenssätze.

Seid Euch also sicher, wir sind und bleiben in Kontakt!

Versprochen!!

Großes-Förderlicher-Glaubenssatz-Ehrenwort!!

**Gestattet mir noch eine weitere Bitte,
meinen Herzenswunsch:**

Wenn Ihr in Zukunft eine fröhlich lächelnde Frau seht oder von einem Mann angestrahlt werdet, grüßt sie bitte genauso fröhlich, schenkt ihnen Euer schönstes Lächeln.

Es könnte sein, dass ich in diesem Menschen wohne und mich riesig über Euer Glück freue.

Wahrscheinlich werdet Ihr sofort im Anschluss dieses **"Pieksen"** spüren; diese Kribbeln am ganzen Körper. Erinnert Ihr Euch an Worte meiner Protokollantin am Ende des Vorwortes.

Das Kribbeln ist reine Glaubenssatz-Energie und unser Geheimzeichen für mehr Glück und Liebe in unserer Welt.

In Dankbarkeit für meine **Transformation**, in Verbundenheit und in Liebe, Euer, vor Energie sprühender, förderlicher Glaubenssatz.